JN112905

The Black Book
わたしの中の黒い感情

ソルレダ 著

桑畑優香 訳

今のあなたの感情に名前をつけるとしたら、
どんな言葉が浮かびますか？

自分のことなのに、自分の感情がわからない。
これは、よくない感情かもしれない。
そんな恐怖を感じていませんか？

無視　不安　憎しみ　強迫　もどかしい　苦痛　自責　恋しい　悩み　疲れ　失望　しんどい　羞恥心　情けない　抑圧　混乱　地に落ちた自己肯定感　怒り　葛藤　緊張　侮蔑　不快　無力感　自覚　希望　無意味　当惑　憤り　虚無　自己防衛　不安の誕生　消耗　後悔　傷　省察　混沌　錯覚

燃え尽き症候群　心配　回避　気持ちを見失う　敏感　依存　疑心　焦燥感　哀れ　感情の起伏　悲しい　孤独　むなしい　寂しい　自己嫌悪　哀悼　無感情　放棄　恐怖　憂うつ　果てしない　寛大　憂慮　孤立　自己破壊　内的な絶望　無関心　冷静　悲観　否定　憐憫　ペルソナ　直面

気づかないふりをしてフタをしておきたかった
さまざまなネガティブな感情。
わたしたちはこれを「黒い感情」と呼んでいる。

悲しければ悲しいまま、つらければつらいまま
感情から逃げないように。

今から黒い感情の世界へ案内しよう。

Prologue
困難を乗り越えるために

　険しさで知られる山に登ったときのこと。最初はゆるやかだった山道は、中腹にさしかかると急になり、頂上近くではさらに傾斜がきつくなっていく。わたしの姿勢もだんだん変わってきた。ゆうゆうと歩いていたのが、途中から腰を曲げ、最後はぶざまな格好に。ちょっとしたはずみで転げ落ちそうになる急斜面が怖くて、道端の木の根や草をつかみながら這い上がる。ひざと手のひらは、土と草がついてぐちゃぐちゃになる。雲のような白い霧の中を腹ばいになって進んでいく。気がつけば、どれぐらい進んでいったのだろう。ふと立ち止まり、汗まみれの顔を上げてゆっくり周りを見渡した。あたりは静かでひんやりとした空気に包まれている。期待していたような、太陽が輝く美しい風景とは、あまりにもかけ離れている。

「泣きたい。大変な思いをしてここまで来たのに……」

　すぐに下山したかったが、そうはいかない。とてつもなく傾いた山の斜面にずっとへばりついてもいられない。頂上を目指して前進するしかない。こっちの木の根をつかみ、あっちの草をつかんで少しずつ進む。体力を使い果たして涙が出そうになったとき、小さいけれどなかなか立派な山の頂上が、突然ぱあっと、目の前に現れた。ようやく辿り着くと、その場にへたり

込み、悟った。山頂まで登るのに、しんどい経験をするのは当然のことだと。その道のりは省略できないということを。この事実に気がつくと、もうそれ以前には戻れない。成長するためには、前へ進むのみ。

　心も山と同じだ。「山」を「心」に置き換えて読んでみるといいだろう。ここでいう「心」は、この本で、わたしたちがのぞく「黒い感情」のことだ。

　わたしたちの心の中には、険しい山がそびえたっている。それでも、どんなに険しい山にも、頂上があり、いつか越えなければならないと思って、よじ登る。
　この本ではその過程で抱いた疑問の答えを記していく。燃え上がる赤黒い山に一歩を踏み出しながら最初の一行を書き、山がすべて燃え尽きたあと、枯葉色の土で覆われた山を下りながら最後の一行をしたためた。

　わたしたちは人生でさまざまな山にぶつかる。少しでも歩きやすい道を見つけられるように、ラクに登れるように。そんな思いを込めてこの本をまとめた。みなさんにとって本書が、山道でつかむ木の根や草のような存在になることを、そしてそれぞれの道の先にある小さな山頂に辿り着きますように。

　　　　　　　　　　　　　　　　　　　　──ソルレダ

Contents

The Black Book

Station 2

15

1st PATH

自分でも気づけなかった　わたしの中の黒い感情

無視

不安

憎しみ

強迫

もどかしい

苦痛

 自責

 恋しい

悩み

疲れ

 失望

しんどい

知らないふりをしたいあなたへ

無　視

　わたしは自分の感情をよくわかっていると信じていた。しかも、なかなか上手にコントロールできているとすら思っていた。ところが、さまざまなストレスを経験するうちに、実は感情をコントロールしていたのではなく、傍観していただけなのだと気づいた。対岸の火事を見るように、遠く離れた場所で。

　ある日、わたしは友だちとカフェで語り合っていた。人間関係がかなりこじれていた時期だったので、たくさんの言葉を吐き出した。ある出来事についてどんな気持ちになったのか、これからどうしたいのか。さんざんまくし立てていたわたしに、友人はこういった。

友だち：あなたはまるで新聞記事を読み上げるように自分の気
　　　　持ちを語るんだね。気づいてた？
わたし：いや。事実を話しているだけだよ。
友だち：事実はわかったけど、あなたがどう思ったのかは伝わ
　　　　ってこない。
わたし：今、全部説明したでしょ？
友だち：説明じゃなくて、どう感じたのかを知りたいの。

　まったく予期しなかった友だちの言葉に、わたしは答えた。「も
ともとこういう性格だから」。ちぐはぐな会話。わたしはすごく
戸惑っていた。いくら考えても、友だちの質問が理解できず、
どう答えていいのかわからない。帰り道、友だちとの会話を何
度も思い返した。自分の中に見直すべき点があるらしいと気づ
きながらも、それが何なのか正確にわからないまま数日が過ぎた。
「新聞記事を読み上げるように自分の気持ちを語る」という言葉
がずっと頭から離れなかった。そして自分に問いかけてみた。
「『悔しい』という気持ちは、自分が本当に感じたことだったの
か」「『悲しい』という気持ちを、心の底から感じていたのだろ
うか」「自分の気持ちをきちんと理解していたのだろうか」。そ
してある感情についてだれかに話すことと、その感情を自分の
中にしっかり受け入れることはまったく異なるのだと、そのと
き初めて気づいた。以前のわたしは感情をどのように扱ってい
たのだろうか。もしかすると、研究の資料を読み説くようにひ
たすら分析していただけなのかもしれない。

医師で精神分析の創始者のジークムント・フロイト（Sigmund Freud）は、自分の心を守ろうとする心理や行動を**「防衛機制 (defense mechanism)」**と呼んだ。防衛機制には、さまざまな種類があるが、そのひとつが**「知性化 (intellectualization)」**だ。自分の感情に距離を置いて説明しようとしたわたしの行動は、知性化の典型だ。自分にとって受け入れがたい感情を意識しないようにし、情緒的な衝撃を防いでいたのだ。うまく知性化できる人は社会では論理的で合理的な人と見られることもある。感情に振り回されずに仕事を処理し、クールな人だと思われたりもする。しかし、このような態度を長く続けるうちに、自分の感情を意識する方法をだんだん忘れてしまう。さらに、自分がどんな感情を抱いているのかさえ、わからなくなることもある。

　わたしは長い間、知性化を通じて自分の心をコントロールしてきた。そのため、事件や事故に遭っても、ほとんど動揺しなかった。他人の前で自分の半生を語るときは、まるで数学の公式を教えているような調子だった。ある状況で感じた気持ちをうまく抽出できず、できたとしても、その感情から自分を徹底的に分離させようとした。こんな自分の態度を、「客観的で分析が得意で、論理的な性格」だと思っていた。

　自分で理解できない感情は、心の中にどんどん積もっていき、そしてついに爆発してしまう。初めて強烈な感情に直面したとき、わたしは途方に暮れてしまった。どうしたらよいのかわからず、取り乱してしまったのだ。そのとき、わたしは初めて「ありの

ままの気持ちを感じよう」と思った。とてもシンプルなことなのに、かなりの時間がかかった。軽く「説明」していた自分の気持ちに「感情」として向き合わなければならず、わたしは逃げ出したくなった。とてもつらかった。否定的な気持ちをきちんと感じようとするたびに、我慢できなくなって中断し、再び試みてはやめるという過程を今もくり返している。そんなふうにどうにか進んでいくうちに、自分と自分の感情の距離がだんだん近づいていくのだ。「こんな心の状態でも、努力すればもっとよい自分になれるのか」と疑問に思うこともしばしばだ。けれども、とりあえずトライしている。「いつか少し楽になる日がくるだろう」と願いながら。

「感情に向き合う」ということは、「感じる」ことだ。ほとんどの人たちは、ネガティブな感情はできるだけ抱かないようにしたいと考えているが、永遠にそうすることは不可能だ。自分の感情と対峙できるのは、自分だけ。感情を避ける時間が長くなればなるほど、どろどろとした感情が重くのしかかるようになる。だからこそ、知らないふりをしてきた感情が、心のどこに、どのくらいの重さで存在しているのか、きちんと知っておいたほうがいい。

自分を束縛してしまうあなたへ

不安

　以前、わたしは『耐えてみたらいいことばかり』という本を出版した。10年間のフリーランス生活をまとめたもので、そのときは、休みなく働いた自分を偉いと思いながら書いた。ところが最近、この本を開いても、どうしても最後まで読むことができない。当時、ずっと仕事ばかりしていた自分が、気の毒になったからだ。本の内容は変わっていないのに、自分を見つめる視線が、以前とは変わったのだ。

　わたしたちがやる仕事は、大きく分けて3つある。

1.やりたい仕事　2.やるべき仕事　3.できる仕事

ここでいう「仕事」とは、お金を稼ぐ活動だけを指すわけではない。この本では、食べて寝てシャワーを浴びる、だれかに会って会話して、関係を維持する、散歩して買い物をして、本を読むなど、わたしたちが生きている間に行うすべての行動を「仕事」と呼ぶことにする。わたしたちの一日の中には、この3つの仕事がほどよいバランスで交ざっている。やりたい仕事をしばらくの間あきらめたり、やるべき仕事を優先するためにやりたい仕事を先送りしたりすることもある。いったんできる仕事をストップして、やりたい仕事を選んだりもする。では、この3つに、単語をひとつ加えてみよう。

1. やりたい仕事→「どうしても」やりたい仕事
2. やるべき仕事→「絶対」やるべき仕事
3. できる仕事→「必ず」できる仕事

　どうだろう？　少し変えただけなのに、ぐっとプレッシャーを感じるのではないだろうか。「どうしても」「絶対」「必ず」のような言葉をつけると、気軽に始めたことでも手抜きができなくなる。スタートする前にためらい、始めた後もやり遂げられなかったらどうしようと不安で押しつぶされそうになる。

　不安とは、先が見えないときに生じる感情だ。不安が耐えがたいレベルまで到達すると、「不確実」と同義語になり、ちょっとしたことにさえ、耐えられなくなる。
　不確実と一緒になった不安を和らげるために、わたしたちは

できるだけ多くのことを予測しようとする。でも、未来をすべて当てるのは不可能だ。だから未来に向けて計画を立てるのだ。

　計画と規則は、状況に合わせて柔軟につくるほうがいい。そうしないと、自分でも気づかないうちに、「計画を守るための計画」や「規則を守るための規則」に悩むことになる。『耐えてみたらいいことばかり』には、目標、計画、規則、やることリスト、日程表という単語がたびたび登場する。その単語の間をぎっしりと埋めているのは、「成し遂げなければならない」「しなければならない」「できる」などの言葉だ。文章からは、決めたことをやり遂げられなければ、世の中が終わってしまうようなプレッシャーや不安が垣間見える。当時のわたしは、目標のためにつくった計画と規則を必ず守ろうと努力し、情熱のあまり、不安についてすっかり誤解していた。

　当時は、一度間違えば、すべてが台無しになってしまうと信じていた。ちょっと休むと、あっという間にナマケモノになってしまうような気がしていた。過労で身体を壊しても、つらいけどがんばっているという奇妙な満足感を感じていた。でも、それはすべて間違っていた。合理的ではない考えにとらわれ、自分を騙しながら生きていることに気づかないまま、長い時を過ごしていたのだ。ずっとピリピリしてとがった性格になり、いつもビクビクしていた。不安ばかりを大きく膨らませながら。結局、計画と規則にがんじがらめになり、強迫観念に追われる生き方になってしまった。

不安は、消えるものではない。わたしたちが生きるために必要な感情、つまり原初的な感情だからだ。でも、不安が大きくなり、日常生活がコントロールできないほどになったら、不安の原因が何なのか考えてみなければならない。不安を感じたときに心を落ち着かせるための方法をあらかじめつくっておくのもいいだろう。大切なのは、不安をなくすのではなく、耐えられるレベルに和らげることだ。不安という感情が、わたしたちの中を何事もなく通り過ぎていくようにするのだ。

　わたしは、どんな状況で自分の不安が大きくなるのか知っている。その気配を感じた日には、やるべき仕事を急いで終わらせる。一通り終わったら、家で一番落ち着く場所に座り、買っておいたビールを飲みながら映画やドラマを見る。これが、不安に襲われる隙をつくらないために、わたしが編み出した方法だ。心が休まる場所で、ビールを飲んで緊張を和らげる。ヘッドホンを付け、映画やドラマを見ると、頭の中にダイレクトに情報が入ってくるので、他のことを考えることもない。このように気持ちを他に向け、心が不安に侵食されないように、わたしは不安のレベルを低くする。
　だけど、家以外でこんなふうに過ごすのは難しい。
　そんなときは、深呼吸をする。腰まで空気が入るぐらい息を大きく吸って、2秒ほど止め、すぐに体の中の空気をすべて吐き出す。呼吸に集中し、空気の方向、呼吸する音、内臓の変化を意識しながら。これは、突然不安に襲われて心臓が爆発しそ

うになったり、手に汗をかいて背筋がひやっとしたりしたとき
にとても役に立つ。

　中国古典『兵法三十六計』には、36種類の戦術が書かれて
いる。そのうち最上の策として挙げられているのは、36番目の「逃
げる」だという。　いざとなれば逃げろとは、実に賢明な方法で
はないか！　戦争では、生き残らなければ続きの人生が約束さ
れないから。　わたしが不安を和らげる方法も、「逃げる」と同
じかもしれない。不安からしばらく距離を置けば、心を癒して
安定させる時間を稼ぐことができる。
　そして不安に感じた瞬間を思い出しながら、原因を探ってみ
るのだ。落ち着いた状態で自分の中の不安を見つめるのは、そ
れほど怖くない。不安の理由は何かを考えるだけでなく、だれ
かにアドバイスを求めたりするのもいい。
　耐えがたい不安を感じたら、とりあえず逃げてみよう。ただし、
自分を傷つけない方法で。自分の中の不安な気持ちを探求し、
和らげる方法をいろいろ試してみるうちに、自分に合った「逃
げる方法」が見つかるだろう。

「憎しみ」の裏にある「無償の愛がほしい」あなたへ

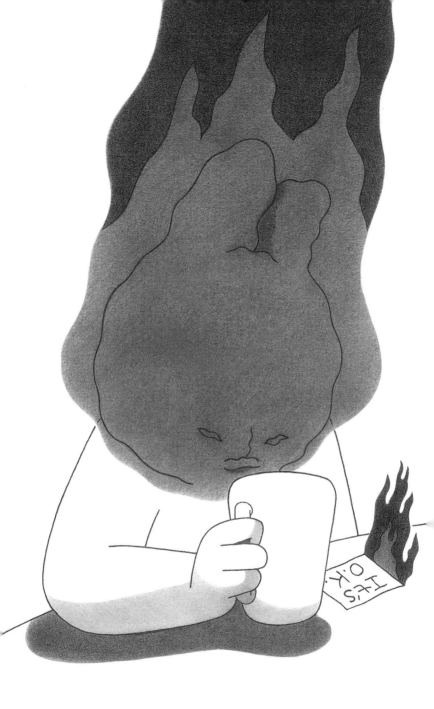

憎しみ

「憎しみ」とは、炎のような感情だ。この燃えたぎる気持ちを受け入れるには、時に苦しみも伴う。「憎しみ」は「愛」にも似ているかもしれない。わたしたちはまるで愛するときのように熱く、時にはもっと激しく、だれかに憎しみをぶつけてしまう。

「依存的な愛情欲求」という言葉がある。身体は十分大人だけれど、心はまだ子どものような状態を指す。子どもは親や自分を保護してくれる人に依存し、まるごと愛し肯定してくれる「無償の愛」を望んでいる。愛と関心を渇望する欲求は、大人になっても依然として存在するが、その対象は親や保護者だけに向けられるわけではない。愛情を満たしてくれる人や要素が多様化するからだ。わたしたちは大人になる過程で自然に情緒的な

成長を遂げる。

　ところが、その過程がスムーズにいかないと、「依存的な愛情欲求」の状態に留まってしまう。大きな問題はなく、社会生活を送っているように見える人でも、心の中では人生にたいする不満を抱えていたり、愛情に飢えていたりする。

　わたしたちは、相手にたいして無意識のうちに「期待」をする。満たされないことがほとんどなのに、期待し続け、そして失望をくり返す。こんな経験を続けるうちに、失望は積み重なっていき、ある瞬間に、大きな「挫折」へと変わる。そしてその心の傷は、「敵意」となり、心に火をつける。つまり、ゆがんだ「依存的な愛情欲求」は、相手への「憎しみ」になるのだ。二度と傷つかないように。そのため、極端な「憎しみ」が向けられる対象は、無償の愛を分かち合うもっとも近い関係（家族、恋人、あるいは友人）になりがちだ。

　人を憎まないと心に決めても、「憎しみ」という感情をなくすことはできない。むしろ「憎しみ」をさらに強烈に感じるようになるだけだろう。「憎しみ」を消すことができないのなら、いっそのこと、その感情に身を投じてみるのもひとつの方法だ。「憎しみ」の矛先はだれなのか、「憎しみ」はどのような過程を経て生まれたのか。目を背けずに、正体を暴こう。

「憎しみ」の裏には、「無償の愛がほしい」という切実な願い

が隠れている。子どもが抱くような純粋で熱い欲求であるため、やや行き過ぎた行動として表れるかもしれない。

　しかし、愛と関心を渇望するがゆえに生まれた感情であることを、自分自身が理解することが大切だ。もしかすると、「憎しみ」をぶつけているのは、本当は自分が一番愛情を分かち合いたい人、ありのままの自分を受け入れてほしいと望んでいる人なのかもしれない。

悪い習慣にとらわれているあなたへ

強 迫

　不安はだれでも感じるものだ。不安を抱いているから、わたしたちは未来の危機に備え、自分を守ることができる。けれど、どんなことでも度がすぎると、問題が起きてしまう。

　強迫観念は、耐えがたい不安から始まる。しかしわたしたちは、そのようには考えず、強迫観念はなかなか治らないと思いがちだ。そのうえ、「治そうとする努力が足りない」と、個人の意志の問題と見なしたりもする。でも、強迫症の人も、特定の考えや行動をくり返すのはおかしいと十分わかっている。だけど、そうせざるを得ないのだ。強迫観念とは、心の中に存在する監獄のようなものかもしれない。

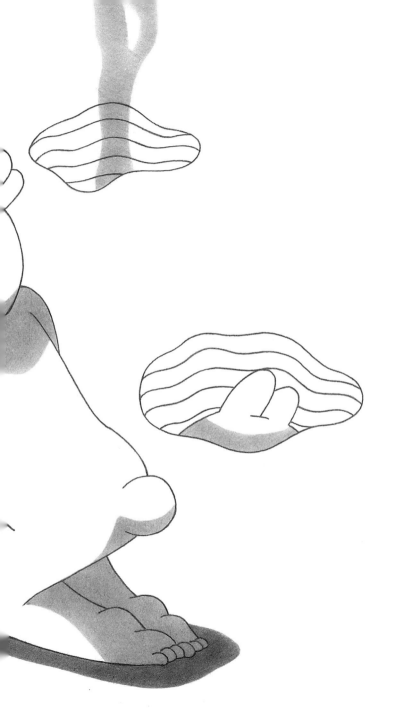

理由もなく爪をかんだり、髪の毛を抜いたりしたことはないだろうか。もしかすると心の底にあったのは、不安になった自分を慰めたいという気持ちかもしれない。しかし、そんな気持ちを察してくれない他者に「悪い習慣だ」ととがめられ、ボロボロになった爪を見ながら恥ずかしくなったことはないだろうか。

　3年前、わたしに強迫行為が現れた。それは、キッチンのシンクの掃除から始まった。最初は、たんに自分がきれい好きなのだと思った。シンクについた水滴をすべて拭き取ると、すっきりした気分になったから。ところが、だんだんおかしな感覚にとらわれていった。拭いたばかりなのに、どこかに水気が残っているような気がした。きれいなキッチンに満足していたはずが、たえず水滴を探して拭くという行為に執着するようになったのだ。すっきり磨き上げて安心したのも束の間、もやもやとした感覚に、ずっと落ち着かないままだった。とにかく「ピカピカにしなきゃ」と。さらに、家族にも自分と同じようにするよう強いたりもした。不安に陥ると周りの人にたいして厳しくなる。理由は、対象をコントロールすることで、不確定な要素をできるだけ減らし、自分の不安をやわらげるためだ。

　そんな中、ある出来事がきっかけでパニック発作を起こした。その後も、発作を誘発した環境は大きく変わらないまま、まあまあ無難に日常生活を送っているように見えたけれど、じつはそうではなかった。結局、ほどなくして強迫症および関連症の一種である『**皮膚むしり症 (SPD,Skin Picking Disorder)**』が

あらわれた。耐えがたいレベルのストレスで過覚醒した心を、皮膚をむしることで落ち着かせたのだ。

　キッチンシンクを拭く強迫行為とは比べものにならないほど、皮膚むしり症の症状は激しかった。眠っている間も皮膚をむしり、朝起きたら指に血がついていたこともある。かきむしるのを防ぐために包帯を巻いたり、手袋をはめたりしたが、無駄だった。症状はずっと続いた。傷はひどく、範囲も広くなり、自己嫌悪もピークに達した。眠れない日々の中、たまにうとうとすると悪夢に襲われ、熟睡できなかった。このような状況で自分の心のケアをするのは、とうてい無理に思えた。ここには書いていないその他の症状も含め、当時のわたしは自分を傷つけることで、不安をコントロールしていた。自分を落ち着かせるための『**自己鎮静行動（self-soothing）**』ではなく、ただ自分の存在を感じるために、そうした行動を取っていたのだ。

　そんな日々は、永遠に続くかのように感じられた。ところが、突然「幸せになりたい」という思いがわいてきたのだ。韓国では、「極と極は通じる」という格言がある。この言葉のように、わたしの心の片隅にあった「あきらめたい気持ち」がもう一方の隅に存在していた「克服したい気持ち」をより強くしたのだろう。その瞬間から、わたしの考え方は大きく変わった。キッチンを拭いたり、皮膚をむしったりするのは、自分の心が抱える問題の表れだと思うようになり、どうしてそんな行動を取るようになったのか、状況を振り返り始めた。

一番力を注いだのは、視線を環境ではなく自分の心の中に向けることだった。そして、表に現れる感情をしっかり捉え、自分に問いかけるように努めた。「今抱いているこの感情は、本物か、それとも膨れ上がった幻想なのか」と。答えられるときもあったが、答えられないこともしばしばあった。それでもかまわず質問し続けた。焦らず、心をなでるように優しい口調で。

　今でも激しい不安を感じると、肌を触ってしまう。たまに浅い傷をつけたり、眠れなかったりすることもある。でも、以前と比べたらたいしたことではなく、軽く流せるようになった。「最近起きたあの件で、不安だったんだ」と気づき、自分を励ます。強迫症から回復したのかといえば、そうではない。でも、自分の調子を整えられるようにはなったと思う。つまり、「不安をコントロールする力」がついたのだ。散歩したり、ビールを飲みながらドラマを観たり、ダンスミュージックを聴きながら漫画を読んだりするなど、不安を抑えるために役立ついくつかの術を見出したのだ。こうした方法を今後ももっと増やしていきたい。

　日常が不安に襲われていた時期を経て、はっきりと気づいたことがある。事件は自分の外側で起きるが、不安は自分の内側から生まれるということだ。それに気づくと、人は自らを非難していたことを恥じて、自分を「慈しむ」ようになる。つまり、自分の感情にたいする見方を変えるというわけだ。これを『セルフ・コンパッション (self-compassion)』といい、どんな状況でも自らへの優しさを忘れない、ありのままの自分を受け入

れる姿勢を意味する。苦しむ自分を気遣うのだ。

　他の人に知られたくない強迫行為があるのなら、じっくり考えてみてほしい。どんな感情がどのくらい押し寄せたときに、強迫行為が起きるのか。もし止めようとしてもくり返してしまうなら、たんなる「悪い習慣」だと思えばよいのだろうか。いや、そうではない。物理的にも情緒的にも、心をなだめるために自分を傷つけてはいけない。自分を傷つける習慣は、コントロールし難い強度の不安が自分に送るサインだ。間違った習慣を変え、サインをしっかりキャッチしたとき、わたしたちは「悪い習慣」の裏にある、自分の不安と向き合うことができるのだ。

自分を知りたいあなたへ

もどかしい

　自分自身を知るとは、何を意味するのだろうか。わたしは、自分の感情を理解することが自己を知ることだと考える。しかし、感情だけでは自身を完全に説明できない。でも、感情はわたしたちの思考や行動の多くの側面を理解するのに役立つ。もちろん、感情を正確に理解するのは、簡単ではない。自分を誤解したり、あるいはわざと自らを欺いたりすることさえあるからだ。

　感情「emotion」の語源は、ラテン語の「movere（動く）」と、接頭辞「e（外へ）」の組み合わせだ。つまり、「外に動かし、行動を引き起こす」という意味だ。感情は行動を誘発する。中でも「もどかしさ」は、行動をもたらす感情として知られている。また、他のネガティブな感情とは違って、気持ちを引き起こし

た状況を解決しようとする感情といえるかもしれない。

　見過ごしがちだが、「もどかしさ」には、いろいろな感情が含まれている。もどかしさを感じたときの気持ちを細かく分けてみると、隠れた感情が浮かび上がる。
　たとえば、「好き、嫌い、よい、悪い」と区分していた気持ちを、もっと細かく分けてみよう。「好き」という気持ちには「うれしい、楽しい、ほっとする、わくわくする」のような感情が含まれているかもしれない。では、「もどかしい」はどうだろう。「不安、不快、心配、嫉妬、嫌悪、恐怖」といったさまざまな感情が見えてくる。こうした感情を探ってみると、自分を理解できるようになる。そして、理解は自然と共感につながっていくのだ。

　わたしたちは、他者と同じ経験をしていなくても、感情に共感することができる。過去に経験した「自分の感情」を呼び起こして、「相手の感情」を察するのだ。
　自分の心をきちんと知るのは、狭い意味では自分のためであり、広い意味では他者との関係を築くためだ。自分を知ろうとするときに感じるもどかしい気持ち。それは、他者の心を理解するのに役立つだろう。

癒えない傷を抱えるあなたへ

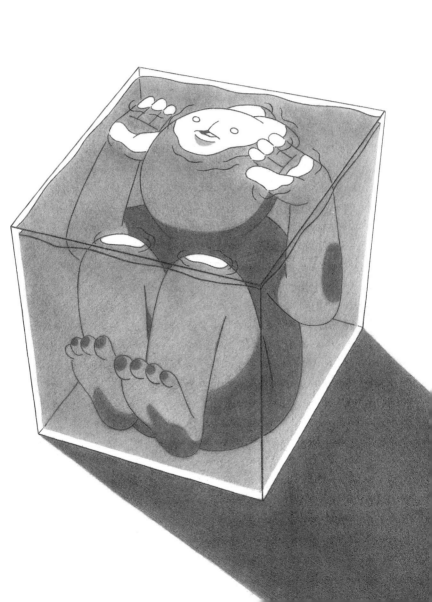

苦　痛

　わたしたちは、無意識のうちにだれかと傷つけ合っている。おたがいに傷を与え合うこともあれば、Aさんから受けた傷をBさんに与えることもある。Bさんはまた別のだれかに、そしてそのだれかはさらに別のだれかに傷を与える。わたしたちは、絶え間なく、傷つけ合う。それはまるで自然の法則のように、静かにじわじわと広がっていく。傷は、渡り鳥の群れのように、巨大な力によって規則的に移動していく。

　苦痛とは、わたしたちがそれぞれの傷を解釈することでもたらされる感情だ。同じ傷でも、感じる苦痛の種類は人によって違う。同じ人でも、苦痛の強さは、傷を受けるたびに異なる。互いに与え合う傷は、どこから始まったのか、いつ終わったの

かわからないほど複雑にからみ合っている。なのでそこから派生する苦痛は、とてつもなく混沌としているのだ。

　わたしは、人々がどのような悩みを抱え、それをどう解決しているのかに興味をもち、本や記事、ネットの掲示板などをときどき読んでいる。そのたびに、こう思う。世界には加害者よりも被害者があふれている。もちろん、善悪の判断がはっきりしているケースもある。しかし、善悪の境界があいまいな話のほうがずっと多いのだ。わたしたちは、自分が抱える苦痛を真摯に捉え、まるで尊い宝物のように扱う。苦痛は非日常的な経験から生じることが多く、自分自身にとって特別なものであることがほとんどだ。そのため、苦痛は自分がいかに特別であるかを規定する要素になったりもする。

　わたしたちは、他者も苦痛を感じていると認識しているが、他人の苦痛は「苦しみ」という辞書に記された定義程度にしか捉えていない。しかし、他人が感じた苦痛を心から感じた瞬間、他人の苦痛も自分と変わらないと多少なりとも理解するようになる。これを、「共感的理解」と呼ぶ。法律や倫理、規範、社会秩序などを通じた「知的理解」とは異なり、わたしたちの心が他人の感情を受け入れる、感情の化学的な調和といえるだろう。共感的理解は、心の秩序に大きな変化をもたらす。自分の苦痛が自分だけのものではなくなり、他人の苦痛に共感するようになることで、心の中に共有する部分ができるのだ。これが「連帯」というものだ。

苦痛はブラックホールのように、心を一瞬のうちに飲み込む強大な力をもっている。中にハマってしまうと、なかなか抜け出せない。わたしは人々をそこから救う役目を果たすのが「連帯感」だと考える。傷ついて苦しむ自分自身をまるごと受け入れ、苦痛でゆがんだ他人を理解するのだ。もちろん、自分や他者を理解したからといって、苦痛から完全に解き放たれるわけではないが、少なくとも苦痛にがんじがらめになる時間を短縮することはできるだろう。そして、他人の心を気遣うことが結局は自分の心をケアする方法であると、気づくはずだ。

最悪の状態にぶつかっているあなたへ

自責

　わたしたちは、「自責」という言葉を、「自分を責める感情」とシンプルに捉えがちだ。しかし、自責には、自分の過ちを認めて反省する能力も含まれる。それでも誤用されることが多い理由は、わたしたちが自分の間違いを否定的に受け止める傾向があるからだ。

　たとえば、会社でミスをしたとする。不手際によって失敗した場合は、仕事の処理の方法について、もう一度考えてみればいい。しかし、「うまくいかなかったのはわたしが内気だからだ」と性格のせいにしたり、ささいな習慣を理由にしたりして、自分を責めることがよくある。そんなふうに自分を責めると、まるで沼に落ちたときのように、もがけばもがくほど深みにハマ

ってしまう。では、「自責」がもたらすよい効果（反省と修正）だけを得るためには、どうしたらよいだろうか。まず必要なのは、事実と感情を分けてみることだ。自分がどのような状態にあるかを認識することを、**『自己客観化 (self-objectification)』** という。たとえば、「今日はとてもつらい日だった」という気持ちを自ら客観化してみよう。

今日はすごくつらい日だった→今日はすごく「腹が立ち」、我慢しようと「つらい思いをして」、時間が経つと「悲しい」とも感じるようになった→今日はすごく腹が立ってつらく、悲しいという感情も経験した。

もうひとつ例を挙げてみよう。

わたしは今、本当に憂うつだ→わたしは憂うつな気分である→わたしは今、憂うつな気分を経験している。

　例文を声に出して読んでみてもいい。後ろの文に進むほど、感情が少しずつ軽くなっているのがわかるだろう。最初の文では、感情と「わたし」は、ひとつの塊になっている。それぞれの例の2つめの文では、「わたし」の感情をできる限り細かく分けている。そして最後の文では、感情と「わたし」を離して、その感情を経験する自分について語っている。違いがわかるだろうか。これは、感情にぴったりくっついていた自分が、感情との安全な距離感を見出し向き合うための考え方だ。はっきりと感じて

いても明確に認識できていなかった感情の形を、客観的に見つめるというわけだ。

　自分を責めることが習慣になってしまっているのなら、変えるのは簡単ではない。それでも、少しでも自責の念をよい形で生かすべく、わたしは自分自身に他人として接するようにしている。自分を追いつめ、ぞんざいな扱いをしてしまわないように。もし、その対象が自分ではなく他人であれば、どんな言葉をかけるだろうか。「あなたのような人は、消えるべきだ」「あなたは生まれてこないほうがよかった」「あなたの存在そのものが軽蔑に値する」のような言葉を口にするのはためらいを感じるだろう。「こんなこともきちんとできないの？　本当に無能だね」「そんな性格だから、仕事がめちゃめちゃになるんだ！」「あなたは他人にとって迷惑な存在だ」と遠慮のない言葉で相手を非難したりもしないだろう。事実がどうであれ、相手の心を慰めるような言葉を見つけようとするはずだ。「だれでも間違うことはあるよ」「つらかったんだね」「努力してもうまくいかないこともある。少し休んでから、また試してみたら？」というふうに。

　残念なこと、後悔すること、恥ずかしいこと、困惑すること。これらにたいして、わたしたちは自分を責めてしまいがちだ。ひたすら自分を苦しめている場合には、周りの環境も大きな要因となっている。でも、問題の原因が他者にあるのがはっきりしているときでさえ、それを口に出すのは大人気ないと考える人が多い。「他人のせいにすると、言い訳をしているように聞こ

えてしまう」と考えるからだ。

　これは、「問題が起きたときは、自分の中に原因を求めるべきだ」という社会的な風潮があるせいだろう。「問題が起きたのは、自分の過ちが原因だ」とすることが美徳とされ、それにたいして見えざる圧力を感じているのかもしれない。そのため、関係のないことまで自分のせいにして、問題の本質をゆがめてしまったりもする。自らを省みて、軌道修正したり足りない点を補ったりするための「自責の念」が、自分を批判する否定的な道具となってしまうのだ。

　もしかすると「ネガティブな感情」とは、その感情を通じてネガティブな経験をしたために使われる言葉なのかもしれない。「自責」も同じだ。もし「ネガティブな感情」によってポジティブな経験をすることができるなら、「ネガティブ」だと思っていた感情の多くは違って見えるのではないだろうか。自責の念を抱くことは、自分を苦しめ、人生を後退させるようにも思える。しかし、経験次第で成長の糧にもなり得るのだ。これはロマンチックな希望のように聞こえるかもしれないが、わたしは極めて現実的な希望だと考える。みなさんが思う「自責の念がもたらすポジティブな効果」とは、何だろう。ふと知りたくなった。

恋しさにとらわれているあなたへ

恋しい

　ひとり取り残されたような感覚は「寂しさ」と似ているが、さらにもどかしさが加わった気分のこと。軽い悲しみと寂しさが混ざり合い、時に嫉妬や退屈さも感じるが、気になるほどではない。「恋しい」は、このように小さな揺れ動く感情の集合体だ。まるで、「愛おしい」「寂しい」「悲しい」を少しずつ集めてつくった、ケーキの詰め合わせのように。

　この本で、わたしたちはさまざまなネガティブな感情に出合う。読みながら、よくない経験や感情を思い浮かべる人も多いだろう。怒り、悲しみ、焦り、屈辱など、「経験したくなかった」と願う感情も少なくないはずだ。「恋しい」は、それらに比べればずっとよい感情のようにも思える。心に深い傷を残すことも、わ

たしたちの日常を大きく揺るがすこともないからだ。抱えきれずにだれかにたいして怒りを爆発させることも、耐えられないほどの苦しみを伴うこともない。「恋しい」は、まるで隣に座って寂しくつぶやく、もうひとりの自分のようだ。

　だからだろうか。「恋しさ」を感じると、心がしなやかになるような気もする。この本に登場するいかなる感情とも比べられないほどに。時に、寂しくも不思議なあたたかさを感じることもある。このように、さまざまな感情が穏やかに広がる「恋しい」という気持ち。現実から少し離れて心を慰めることができる、とてもロマンチックな感情なのかもしれない。

選択を前にためらうあなたへ

悩 み

「悩み」と「葛藤」。この2つは、どう違うのか。一番の大きな違いは、それぞれの感情をもたらす存在の数にあるとわたしは考える。「葛藤」は2つ以上の目標や状況がある中で生じる、利害関係や欲求のぶつかり合いを意味する。一方、「悩み」は、ある特定の対象にたいして感じる心配や不安を対象にしている。「悩み」と「葛藤」の微妙な違いを一言で表すと、次のようになるだろう。「ランチに何を食べるか、悩んでいる。ハンバーガーか、ビビンバか。ずっと葛藤している」。

　みなさんは、「悩み」という単語を聞いたら、何が心に浮かぶだろうか。おそらくほとんどの人が、自分が今抱えている問題を挙げるだろう。では、その中でもしばしば悩みの種になる「仕

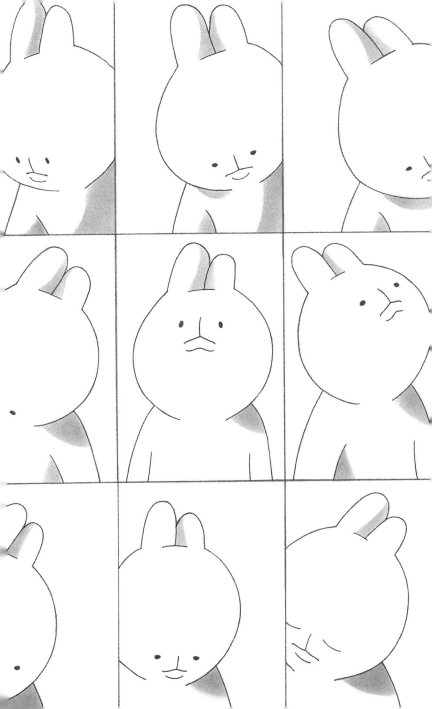

事（労働）」を例に話を進めてみよう。

　生活していくうえで、仕事はとても重要だ。仕事は、食べるために必要なお金や、社会の一員として役割を果たしているというやりがいをもたらす。自分の社会的な価値を評価する基準にもなる。仕事を「労働」と「遊び」の2つに分けてみよう。「労働」はわたしたちの時間や努力によってお金や報酬をもらうこと。「遊び」は、文字通り遊ぶこと。このように単語の定義ははっきり異なるけれど、実際のところ、労働と遊びは混ざり合っている。だから、わたしたちは労働をしながら遊びから得られる楽しさを期待し、遊びながら労働から得られる報酬を望むのだ。ところが、二次的に得るべきもの（労働をしているときに感じる遊びのような楽しさ）のほうに期待しすぎてしまうと、心のバランスが崩れてしまう。

　わたしが描く絵は、2つに分けられる。依頼されて描く絵と、自分が好きで描く絵。前者は「労働」で、後者は「遊び」だ。描くことは、労働をするときは「手段」であり、遊ぶときは「目的」だといえる。お金を得るために描く絵は、つらくて途中でやめたくなることもある。締め切りぎりぎりまで、ずるずると後回しにしてしまう。自分の時間と努力でお金をもらうために精神的に追い込まれ、楽しさを味わえないときもある。しかし、好きで描く絵は、描くこと自体が目的で、それ自体に価値がある。だから、時間と努力、場合によってはお金を投じても描き続けたいと思うなら、たとえ簡単ではなくても、むしろゲームをク

リアするように、楽しんで取りくむことができるのだ。

　わたしは絵を描きながら、労働と遊びが共存する生活を送っている。2つのバランスは完璧ではない。でも、労働のほうが多くなったり、遊びのほうが多くなったりすればそれなりに、うまくバランスを取ろうとしている。「趣味は仕事（職業）にしないほうがいい」という言葉がある。労働よりも遊びを選びながら報酬も求めて苦しんでいたころ、その言葉を聞いてとても悲しい気持ちになった。生活のための仕事と好きなことは一致していると信じていたから。でも、今ではその言葉に共感できる。「ああ、もっと早くこの言葉の意味を理解するべきだったのに！」と後悔するほど。

　悩みには、3つの特徴がある。

1. 悩みは、まだ実行していないことにたいする心配と期待から生まれる

2. 悩みは、選択したことの結果（得失）がはっきりしないために起きる

3. 悩みは、「善か悪か」「白か黒か」のように二元論的な基準で人生を捉える、柔軟性を欠いた視点によってもたらされる

「夢の実現＝好きなことを仕事（職業）にする」が真理であるかのように感じるのは、3番目の特徴によるものだ。「好きなこと

を見つけて、それを職業にするために挑戦し努力する人生が望ましい」という考えは、一見真実のように思える。しかし、このような人生を目指すことだけがただひとつの真理であるかのように考えること自体が、幻想だと思う。「好きなことを仕事（職業）にしてこそ、いい人生を送ることができる」という雰囲気があるかもしれないが、好きなことを職業に選ばなかったとしても、間違っているわけではない。次の質問で、考えを整理してみよう。

1. 「好きなことをする」という場合の「好き」は何を意味するのだろうか？

2. 好きなことを見つけなければならないのか？

3. 好きなことを見つけられない人生に意味はないのか？

4. 必ず好きなことでお金を稼がなければならないのか？

5. 好きなことでお金を稼げない場合、それをあきらめるべきなのか？

6. できることと好きなことは、必ず一致していなければならないのか？

7. できることと好きなことを共存させるのは不可能なのか？

みなさんは、それぞれの質問にどんな答えを思い浮かべただろうか。また、上の7つのほかにも質問が浮かんだだろうか。疑問を整理すると、もやもやした心がすっきりする。質問は、

答えを見出す手段となるだけでなく、自分の考えを導くための光にもなる。必ずしも正解を見つけようとするのではなく、自分の考えがはっきりし、質問自体が光なのだと思えるようになれば、心が明るくなり、悩みも解決するだろう。もちろん、悩みながらも結局選ばなかったことについては、後悔が残るかもしれない。しかし、その感情を受け入れれば、わたしたちは悩みの沼から這い出ることができるのだ。

起き上がるパワーを失ったあなたへ

疲 れ

「疲れた一日の終わりに」のような表現を聞いたことがあるだろう。「疲れる」とは、一日の仕事をすべて終えて休むときに、一気に襲ってくる感覚だ。過酷なストレスが心を麻痺させてしまう。ここでは、生活のために体力の限界ぎりぎりまで働く生き方を例に、話を進めよう。

　わたしがひどい倦怠感に襲われたのは、会社のトイレの一番隅の個室、地下鉄のベンチ、カフェの端っこの席、バスの後ろの座席など。思い起こせば、そんなときはいつも、座って何かにもたれかかっていた。身体がへとへとになる中で、心もケアが必要だというメッセージを自分自身に伝えていたのかもしれない。しかし心と頭の間でコミュニケーションがうまくいかず、

メッセージを解釈できないこともしばしばだ。そこで必要になるのが感受性だ。外部からのさまざまな刺激をこまやかに感じ取るためだけでなく、自分の内面の変化を敏感に察知するために。

「草取り鎌で防ぐべきものを、鋤（すき）で防ぐ」という韓国のことわざがある。小さな問題を解決しないままにしておくと、後々大きな力が必要になるという意味だ。少しずつ休んで心を癒しておけば大丈夫だったのに、休息が切実に必要となる状態まで休むことを後回しにしてしまい、疲れが限界に達してしまうことがある。そのような心を優しくいたわる時間が、わたしたちには必要だ。しっかり休んでも、問題が解決したり、困難だったことが消えたりするわけではない。でも、休息を取ることで、困難に向き合う余裕や、難しい問題にも最後まで取り組む粘り強さを得ることができる。

休むことで生まれる効果はおまけのようなもので、本質ではない。何かをもっとうまくこなしたり、問題を解決したりする力を得るためではなく、そうしなければならないから休むのだ。効果を望んで休むのは、真の休息とはいえないだろう。たとえば、息をするときに、酸素を吸い込むことによる効果を期待している人はほとんどいない。呼吸は生きるために必要だからだ。休息も同じ。特に疲れ果てて苦しんでいる人にとっては、休むことは「生きるための休息」に値する。

みなさんは最近、どれぐらい疲れているだろうか。疲れがな

かなか消えないのであれば、休息を取ってみるといい。問題を解決するための方法は別に考えるとして、休息は今すぐに必要な心の余裕を与えてくれるから。どれくらいの期間、どのように休むかは、それぞれ違うだろう。「休息とはどういうことかさえ、よくわからない」という人もいるかもしれない。だったら、これを機に自分だけの休息の方法を見つけてみるのもいい。楽しいこと、気持ちが上がる活動、お金やエネルギーを使わなくてもできることが無数にあるはずだ。その中から、ぴったり合った休み方を見つけられますように。

　わたしたちは、だれもが自分自身を大切に思っている。それにもかかわらず、自分を休ませることができないとすれば、本当に自分を大切にしているといえるのだろうか。「自分が大切だ」と思うだけでは、自分を救うのは難しいだろう。

「小確幸」という言葉がある。「小さくても確かな幸せ」という意味で、村上春樹がエッセイ『うずまき猫のみつけかた』（新潮社）で用いた造語だ。「小確幸」は、韓国では、自分にプレゼントをするための物や行動をあらわす単語として、主に消費に結びつけて使われている。たとえば、生きづらい日々の中で苦労する自分に何かを買ってあげる、という意味だ。メディアでは、「プチ贅沢」として登場することもある。

　しかし、真の「小確幸」は、何かを消費して楽しむことではない。「小確幸」とは、日常に喜びを見出し、自分の生活にた

いする満足度を高めるエッセンス。何か特別なことをしなくても、今の生活の中で見出す幸せ。それは、休息を取ってこそ得られるものだ。休むのは短い間だけでもいいし、何をやっても大丈夫。そこに真の「小確幸」が存在するのであれば。

失敗ばかりしているあなたへ

失望

　わたしたちは期待通りの結果にならないと、「失望」する。これと似た言葉に、他人との競争で負けている、他者と比べて劣っている感覚を意味する「劣等感」がある。あなたが感じる気持ちは「失望」なのか「劣等感」なのか。区別してみるのもいいだろう。

　「あきらめるのはキャベツの葉を数えるときだけ」というジョークがある。初めて聞いたときは、「ねばり強く最後までやり遂げる」という意味だと理解していた。ところが、視野を広げてもう一度考えてみると、「間違ったことをやっていたとしても、人生をあきらめない」というふうにも思えてきた。

多くの人が、消えてしまいたいぐらい心がぐちゃぐちゃで苦しいときには、宇宙の映像を見るという。わたしもカール・セーガンの『COSMOS』（朝日新聞出版）という本に夢中になって以来、宇宙の映像をよく見ていた時期があった。自分が感じていた失望がちっぽけに思え、平和な気持ちになれるのだ。「あきらめる」ことの意味について考えることと、宇宙の映像を見ること。この2つは、シチュエーションがもたらすネガティブな感情に固執しないという点で共通している。これは、感情に向き合う心を健康な状態にするために、とても大切だ。

　わたしたちは、心を言葉に閉じこめてしまうことがある。経験談をお話ししよう。ある時期から、わたしは「休みたい」とひんぱんに口にするようになった。友だちや知人に会うたびに「休みたい」「旅に出たい」と愚痴をこぼしていたのだ。特に仕事に追われていたわけでもなかったにもかかわらず。ベッドに寝ているときでさえ、休みたいと思っていた。そんなふうになってしまったのは心を言葉に閉じ込めていたせいだと、後になって気づいた。わたしは「休みたい」という言葉に固執していたのだ。仕事をしながらも「仕事をしなきゃ」と自分を追い込んでいたように、「休まなきゃ」と思いつめることで、かえって自分を疲れさせていたのだと気がついた。その後は「休みたい」という言葉を意識的に使わないようにした。代わりに「昼寝がしたい」「公園を散歩したい」「いつものカフェに行きたい」「漫画を読みたい」など、はっきりと、そして軽やかに休む方法を決めるようになった。そのうち、「休んでいても休みたい」と思

うことはなくなった。

　さて、話を「失望」に戻そう。わたしたちは「あきらめる」や「失敗」という言葉に、いともたやすく自分を閉じ込めてしまう。わたしが「休む」という呪いにがんじがらめになってしまったように。そんなときは、「あきらめる」や「失敗」という言葉を、もっと気軽に受け止めてみよう。一瞬だけ停留所に停まり、通り過ぎるバスのように。「そんな簡単にできることではない」という人もいるだろう。でも、それは本当に難しいことなのだろうか。難しいと決めつけているだけではないだろうか。もしそうなら、考えを変えてみればいい。最初は抵抗があるかもしれないが、それは心が「あきらめる」ことに適応する前に発するサイン。積極的に何度も挑戦すれば、言葉の呪いから脱することができるはず。「失望」は重くのしかかり、わたしたちを簡単に沈めてしまう感情だ。だから襲われるたびに自分を救い出す努力をしなければならない。「もう終わったことは、仕方がない」と、自分に説けば、「失望」から「後悔」「自責」「自己嫌悪」などに続く鎖を断ち切れる。「考えを変えるのは難しい」と決めつけて、チャンスを逃してしまわないように。タイミングをうまくつかめば、必ず効果はあるはずだ。

　失敗を「経験」だと考える人も、「傷」と捉える人もいる。「経験」だと考える人は、失敗を通じて自分の限界や長所と短所、欲望に気づくことができるだろう。結果、失敗はその人の心の資産になる。一方、ただの「傷」とするのであれば、失敗した

原因はずっと解決しないままだ。このように、考え方の違いは、わたしたちの感情や行動をがらりと変える。失敗は失望をもたらすけれど、それをどのように捉えるかは自分で決めることができるのだ。みなさんは、どうだろう。わたしは苦痛は短く、メリットは大きくなるように考える努力をしたいと思う。

　失敗という言葉を使うのは、苦しい状況におかれたときだ。それでも自分自身の気持ちが軽くなるように努力して、自責の念を抱きつつ、ある瞬間、失敗をひとつの経験として受け入れられるようになったなら、失望という感情は消えていくだろう。そして失敗という名の苦しみに再び直面したとしても、そのときはもう、失敗から得るものを見つける術を身につけているはずだ。このような姿勢は現実的で、ポジティブな生き方だと思う。みなさんも、合理的で前向きな考え方を身につけて、失望を和らげることができますように。そして、小さな失望の経験を成長の糧にできますように。

むやみに一生懸命生きなければならないと
思っているあなたへ

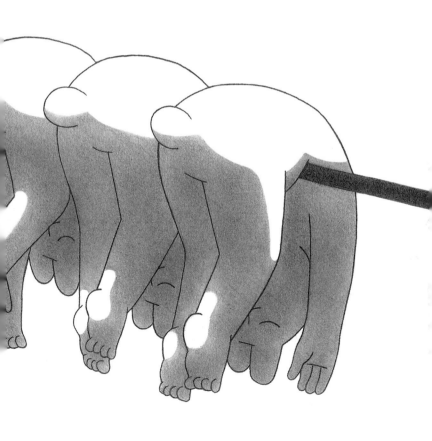

しんどい

「しんどくて死にそうだ」という言葉が頭の中のすべてを占めてしまう日がある。全身から力が抜け、目からは生気が消えてしまう。身体のあちこちがおかしい気がするが、具体的にどこが変なのかわからない。自分を引きずるように与えられた仕事をこなそうとするけれど、それすらうまくできない。そんなとき、わたしは「自分の前世は石ころだらけの畑を耕して死んだ雄牛だったのかもしれない」と考える。掘っても掘っても石ばかりがゴロゴロ出てくる畑で息絶えた牛に自分を重ねるなんて、身体も心もくたくたになっている証拠だろう。体力をけずり、どうにか生きながら、仕事にがんじがらめになり、先は真っ暗。こんなとき、人生がとてもしんどく感じられるのだ。

だれもが自分を癒す特別な方法をもっているはず。でも、しんどいことに直面したときには、あまり役に立たない。癒しを得るためには喜びが必要なのに、喜びを感じるエネルギーが足りないからだ。どうしようもなくなって、「もう何をしても無駄だ」という思いが頭をかすめるかもしれない。そんな無力感をたびたび経験するうちに「何もしたくない。もうやる気も力もない」と、だんだん無気力になってしまう。

「一生懸命に生きているのに、どうしてこんなにしんどいんだろう」「どうしてこんなにくたくたで、何の楽しみも感じられないのだろう」と問い始めると、「一生懸命生きるのが果たして正しいのか」「むなしさを埋めるために何かをするのは、よいことなのか」「何かが足りないと判断するのは自分なのか、他人なのか」「何を基準にして足りないのか、それは絶対的なものなのか」といった疑問が次々と湧いてくる。また、しんどいのを無視してがんばってくたくたになっていると、がんばらない生き方について知りたくなる。こんな悩みを抱えていたとき、偶然あるバラエティ番組を見た。ゲストとして出演していたミュージシャンが、「家に帰ると何もしないでソファーでゴロゴロしている」と話していた。メロディーが浮かんだら、床においてあるギターを手に取ってゴロゴロしながら演奏すると。そんなふうに何日も過ごすこともあると聞いて、何てユニークな人だろうと思った。その話がずっと頭から離れずにいたある日、突然、疑問にたいする答えがひらめき、次のようなリストをつくった。

1. **何もしない権利**
2. **成長しない権利**
3. **失敗する権利**
4. **知らない権利**

「権利」とは、自分が他の人や社会に何かを求める公的・法的な力のことだ。その意味では、前述した疑問は、他人ではなく自分にたいすることなので、少しズレがあるかもしれない。でも、「権利」という言葉がわたしの考えを伝えるのにピッタリだと感じたのだ。わたしたちは、力のかぎり一生懸命学び、失敗が許されない挑戦をし、たえず成長することを強いられる。権利は「求める力」だ。つまり、それは自分自身で見つけて行使するもの。だれかがあなたのために探しに行き、「これはあなたの権利です」と与えてくれるものではない。だからこそ、手に入れた「権利」は、とことん謳歌すべきなのだ。

　わたしはリストの一番目の「何もしない権利」を、長い間忘れ、分単位で計画を立てながら日々を過ごしてきた。もちろん、楽しいはずがない。むしろ何もしたくないと思う日のほうが多かった。でも、心の中でそう願うだけで、何もしないで生きる気なんてまったくなかった。何もしなければ、自分の存在価値が消えてしまうと思っていたから。せかせか動き回りながら仕事をやり遂げるのが「本当の自分」だと信じていたから。当時のわたしはものの見方がすごく狭く、特に自分にたいする視野は針の穴より小さかった。ぼんやりする隙さえなかったわたしは、

自分で思いついたにもかかわらず、4つの権利をどう受けとめたらいいのか、とまどった。生きるのは耐えられないほどつらく、楽しいことやうれしいこともあるけれど、それはくたくたになった体に打つビタミン注射のように一瞬、自分を元気にしてくれるだけ。そんなふうに思い込んでいた。みなさんは、4つの権利に気づいていただろうか。普段の生活で、忘れてしまっている権利はないだろうか。

　しんどさについて話していると、ほどほどに生きるのはそんなに難しくはないけれど簡単でもないと、あらためて気づく。ほどほどに疲れて、ほどほどに休み、自分を大切にする。それは、自分のことを評価せず、あたたかくこまやかに見つめてこそ可能になるのだろう。苦しい心の中にある疑問——何が自分を追い詰めているのか、あきらめてもいいことにしがみついているのではないか、4つの権利の中で自分に欠けているのは何かを探す力は、自分を大切にすることから生まれるのだ。

PATH GUIDE
生き方の案内書
自分でも気づけなかったわたしの中の黒い感情

「憎しみ」33p  「後悔」194p

他人を憎むのは、難しい。まったく知らない他人にたいして、憎しみを抱くことはあるのだろうか。「憎しみ」は心の距離によって異なり、近しい人ほど憎む確率が高くなる。大好きだった人が、はてしなく憎い人になったりもする。「憎しみ」について書いたページでは、「憎しみ」の裏にある本当の願望について確認した。「後悔」について書いたページでは、記憶に残る思い出をつくることの大切さについて書いた。自分自身も知らない黒い感情について、見直してみよう。

1st PATHで出合った感情たちをもう少し知りたい方は
こちらへどうぞ。

「失望」78p「不安の誕生」190p

人、時期、状況によって、同じ感情でも意味が異なるケースが
たくさんある。「失望」のページでは、「失敗」を「経験」だと
考える人もいれば「傷」と捉える人もいると記した。「不安」も
同じだ。不安が存在しなければ、わたしたちはもっと多くの悪
い感情にさらされてしまう可能性がある。不安は、わたしたち
にネガティブなシナリオを見せ、漠然とした未来に備えるよう
にうながす。適度な不安は、自分を安定させてくれるのだ。「失
望」がもつ逆の意味について考察したように、「不安の誕生」
のページでは、不安がもたらすさまざまな感情について考えて
みよう。

2nd PATH

他人から与えられる黒い感情

羞恥心

情けない

抑圧

混乱

地に落ちた自己肯定感

怒り

葛藤

緊張

侮蔑

不快

無力感

恥ずかしさにたえられず苦しむあなたへ

羞恥心

　うきうきした気分で外を歩いているときに、足がからまって
ドスンと転んでしまったら、どうするか。光のような速さでスッ
と立ち上がり、すばやく周りを見回すだろう。周りに人がい
ないことを確認してから、しわがよった服を整える。擦り傷と
あざができた膝の痛みはそっちのけで、「だれにも見られてい
なくてよかった」と安心しながら。では、もしたくさんの人が
行きかう都会のど真ん中で、転んだ場合はどうするか。服が破
れたり、額から血が出ていたりしても、気にする余裕もなく、
恥ずかしさのあまり、あたふたと立ち上がって逃げ出しただろう。
ひとりでいるときは何とも思わないのに多くの人たちに見られ
ているときに強烈に現れる感情。それが「羞恥心」だ。他人が
周りにいることで生まれる感情であるため、社会的な感情とも

いえる。

　羞恥心には、自分を責める気持ちがぎっしりと詰まっている。わたしたちは、「自分の短所が原因で社会に受け入れてもらえないのではないか」とビクビクし、他人との関係を維持するために大きなエネルギーを使う。しかし、よく考えてみると、自分の短所とは具体的に何なのか、よくわかっていない。あるいは、理解していると思っても、じつは間違っていることも多い。時には、まったくたいしたことがないのに、その対象が「自分」であるというだけで問題視してしまうこともある。このように能力や価値観のせいで羞恥心を感じることがある一方で、他人に外見について指摘されたときも羞恥心を感じることがある。さらには、褒められたときにも。内容は関係なく、だれかが自分の体について話すだけで、羞恥心を感じるというわけだ。SNSなどで自分の写真や動画を見せて互いの日常をシェアする時代だから、なおさらだ。他人と自分を比較することはずっと昔からあったけれど、今はそれをリアルタイムで確認できるため、もっと大きな影響を受けてしまう。現代の生活スタイルは、羞恥心をもたらす「人間の弱さ」が強調されやすいのかもしれない。

　羞恥心と罪悪感は似ているように思えるが、どのような違いがあるのだろうか。羞恥心は前に書いたように、他人の存在と視線によって生まれる。一方、罪悪感は自分の道徳的な考え方によって生まれる。評価する対象も違う。羞恥心 **(A)** の対象は自分自身の存在、つまり「悪い自分」である一方、罪悪感 **(B)**

の場合は「悪い行動」だ。

A.わたしが愚かでなければ、何の問題もなかったのに。
B.わたしがあんなことをしなければ、大丈夫だったのに。

　罪悪感を抱くことで、わたしたちは自らの過ちを反省し、考え方や行動を直し、もっとよい人間になろうと努力する。でも、羞恥心では、そんなふうになるのは難しい。行動を責めることと存在自体を非難することは、まったく話が違うからだ。

　羞恥心があらわれると、2つの「自我」にエネルギーが注がれる。ひとつは「愛されず、受け入れられず、責められても仕方ない価値のない存在だと感じる自我」。もうひとつは「自分自身を責めることから身を守るために設定した完璧な理想の自我」だ。皮肉なことに、激しい羞恥心を抱く人ほど、完璧になろうとする傾向がある。自分がミスや失敗をするのを絶対に許せなくなるのだ。完璧な人なんて、いないのに。「完璧な理想の自我」を設定してしまうと、逆に、より深い羞恥心の沼にハマるリスクが高くなる。その結果、自分を一番愛するべきなのに、自分を憎み、呪うことになるかもしれない。

　では、すでに心に根を張ってしまった羞恥心とは、どのように向き合うべきか。まず、羞恥心を感じる理由を考えてみるといい。羞恥心を引き起こす特定の状況や対象を確認して、自分がどのようにその感情を表しているのか、観察してみるのだ。

他の人から何かを指摘されたときなのか、話しにくいことを打ち明けるときなのか、外見について話し合うときなのか……。みなさんの心にも、さまざまな状況が浮かぶだろう。

　性別、年齢、職業、性格、話し方など、自分が羞恥心を感じる対象についても考えてみよう。たとえば、「年上の女性と一対一で向き合い、次々と質問を受ける状況が苦手だ」という人がいる。相手はただ質問しているだけなのに、なんだか問いつめられているような気がしてしまう。また、相手が満足する答えを出せないと思って不安になり、めまいや息苦しさを感じることもある。そんな自分が情けなくて恥ずかしく、だれもいない場所に逃げ出したくなるという。その他のシチュエーションや対象の場合は、そんなことはないにもかかわらず。このように感じる人は、もしかすると幼い頃に母親に自分の存在を否定または無視された経験があるのかもしれない。だから、当時と似た状況に直面すると、心の中の羞恥心が激しく反応するのだ。

　羞恥心を感じるシチュエーションや対象を突きとめたら、次は人々の言葉を「解剖」してみよう。重要なのは、言葉の意味を勝手につくり上げないこと。たとえば、苦手な人から指示を受けたとする。「あの人は、わたしのことが嫌いだから、あんな口調でわたしに仕事を押しつけるんだ。レベルが低いと思っているから、ああいう態度を取るんだろう」。これを「解剖」してみると、「わたしに仕事を押しつけている」という点以外は、すべて憶測だ。事実だとしても、対話を通じて確認されないかぎ

りは、「わたしの頭の中の考え」に過ぎないのだ。だから、そういう考え方はやめたほうがいい。

　でも、だれかが実際にいったわけではないにもかかわらず、頭から離れない言葉もあるだろう。そんなときは、心の中でこういってみてほしい。「それは、自分が考えたことだよ」。それでもまたその言葉を思い出すなら、その度に「そうだね、だから何？　それは自分で考えたことに過ぎないんだ！」と唱えればいい。他人の態度にとらわれるのはやめて、軽くかわしてしまえば大丈夫。「それは自分が考えたことだよ」とつぶやけば、他人の言葉の意味を勝手に解釈して刃を向ける自分から、自身を守ることができる。

　もうひとつ、最後におすすめする方法は、自分の長所を見つけることだ。羞恥心を和らげるために、これ以上いい方法はないと思う。強い羞恥心を感じる人は、自分は「認められる価値がない」「愛される資格がない」と思い込む。だから、もし褒められたとしても、そのことを受け入れるのが難しいのだ。「わたしはからかわれているのだろうか」「礼儀として褒めているだけで、実際はわたしを無視しているだけかも」「わたしは認められるほど価値がある人ではないのに、皆はわかっていない」などと考えるのだ。一方で、忘れたほうがいいネガティブな言葉は、ずっと覚えていたりする。よい経験をしたにもかかわらず、そうではない思い出をたくさん集めてしまいがちだ。羞恥心は自己肯定感を高く保つことで、うまくコントロールできるようになる。

自分を認めてあげると、自分を批判する心が和らいでいくのだ。

　まず、周りの人があなたを評価し、褒めてくれた言葉を記録することから始めてみよう。あなたが考えるその言葉の意味も、その人がだれであるかも、どうでもいい。たんに「文字情報」を集めると思えばいい。ノートに書いてもいいし、スマートフォンのメモ機能を使ってもかまわない。単語を並べるだけでも、会話をそのまま記してもいい（とにかく、何でもいい）。記録しながら、ふと自分を褒めてあげたいと思ったら、それも一緒に書きとめておこう。

　心をこめて一生懸命自分をケアするために使った時間は、けっして無駄にはならない。大事なのは、すぐに目に見える結果を求めたり目標を決めたりしないことだ。「こんなに努力したのだから、何か変わらなきゃダメ」と思ったり、どのくらい変化できるか予想したりすると、かえって自分を追いつめてしまう。焦らず、一歩ずつ。少しずつ進むうちに、成果が現れ、小さな成果が次のステップへのエネルギーになる。

　だから、今にも枯れそうな木に水をやり、陽の光を当てるように、そのときどきに自分が必要としていることをするだけで十分だ。そんなふうに時間を積み重ねれば、あるときふと、自分の心が昨日よりも少し強くなっていることに気づくだろう。そして、もっと自分自身を理解し、愛するようになるだろう。わたしはそう信じている。

限りなく小さくなっていくあなたへ

情けない

「情けない」という感情は、自分の能力の限界、つまり不完全であることに気づいたときに、はっきりと現れる。自己嫌悪や羞恥心よりはダメージが小さいが、放っておくと憂うつな気持ちに包まれてしまう。自分を過小評価するだけでなく、存在する理由まで失わせてしまう可能性もある。

　周りの人よりもお金がないから、知識がないから、才能がないから、センスがないからなど、わたしたちは他者と比べて、自分にないものを強調する。手にしていないことを悔しく思ったり、自分の状態に不満を感じたり。こうした状況がよくならないと焦って、「自分は情けない」という気持ちを抱くようになる。それだけではない。さらに羨望や嫉妬が加わり、心がカサカサ

になってしまうのだ。

　わたしたちは、ついおたがいを比べてしまいがちだ。だからこそ、だれもが「自分は情けない」と思うのだ。しかし、「情けない」と感じる条件は、人それぞれ。「友だちがお金を持っているかどうかなんて意識しない」という人もいれば、すごく気にする人もいる。裕福な友だちと会うたびに、情けない気分になるのだ。他にも条件は、外見、地位、学歴、家庭環境などさまざまだ。では、なぜ特定の相手や条件にたいして、自分は情けないと感じるのか。それぞれ事情があるはずだ。過去に決して小さくない傷を心に残した、事情が。

「情けない」と悩むときは、「わたしはなぜ情けないと感じるのか」と自分に問いかけてみることがとても大切だ。この問いは、「わたしはなぜ○○○のせいで情けないと感じるのか」という、一歩踏み込んだ質問につながる。情けないと思わせる要素と、それを生み出した事情を考えてみるのだ。自分なりの答えを見つけようとするうちに、「わたしは○○○が理由で情けないと感じたのだ」と受け入れることができるようになる。

　顕微鏡を使った観察にたとえて説明してみよう。心という板ガラスの上に、「情けない」という感情を乗せる。顕微鏡のレンズを交換するように質問を変えて、観察するのだ。劣等感を感じさせる原因は何か探りながら、比べてしまう原因にピントを合わせて「情けない」の正体を観察する。

情けないという思いにとらわれていると、それが絶対的であるかのように感じられるだろう。しかし、わたしたちの頭はもっとしなやかだ。考え方によって自在に意味が変化する。情けないという感情を「よい」「悪い」で評価することはできない。しかし、その感情に対する考え方は、変えることができる。情けないという気持ちを抱くのは避けられないかもしれないが、「情けない」を心の目で観察し、考え方を変えてみるのはどうだろう。

自分の気持ちを抑え込んでいるあなたへ

抑 圧

　どんな環境にいても、自分がしたいことだけをやって生きるのは不可能だ。妥協したり、ゆずったり、あきらめたり。そうする中で、不満や、ときには怒りを感じることもある。場所や相手によっては、感情をそのまま出せず、ぐっと我慢しなければならないときもある。それは、自分を「抑圧」しているのだろうか。いや、このような場合は、「抑制」という言葉がふさわしい。自分が怒りを感じていると理解し、我慢しなければならないと認めているからだ。じつは、「抑圧」と「抑制」は似ているが、少し異なるところもある。どんなところが違うのだろうか。

　『抑圧 (repression)』とは、「自分でも気づかないうちに」欲望を抑えつける過程と結果を意味する。つまり、考えや欲求を、

心の奥深く、無意識の底に隠すことだ。「だったら、欲求を表に出せばいいじゃないか」という人もいるかもしれない。しかし、「自分でも気づかないうちに」と書いたように、抑圧された欲求が何なのか、自覚するのはなかなか難しい。わたしたちはたいてい、抑圧された自分の要求の正体を知らないまますごしている。

　ところが、外部からの刺激によってストレスがたまり、心にヒビが入ると、その隙間から抑圧されたものの一部がひょっこり現れる。まったく気づかなかった欲求や欲望と突然向き合うのは、とても苦しい。だから、自分が不快になる状況や対象を避け、あるいは非難し、その感情から逃れようとするのだ。

　抑圧の代表的な例が「火病*」だ。火病になると、相手との関係から生まれる感情をうまく解き放てず、逆に抑えつけて、くり返し無意識の底に送りこむ。自分の感情を表すと、感情的、物理的、経済的に何かネガティブなことに直面するのではないかと怖れているためだ。つまり、自分の感情、特に悲しみ、怒り、恐怖などネガティブな感情に共感できなくなっているというわけだ。抑圧状態がずっと続くと、自分がどんな感情を抱いているかさえ、わからなくなってしまう。そして、感情を解き放とうとする力もだんだん失せてしまう。そうするうちに、自分の感情を認め、受け入れることが難しくなっていく。表現できずに抑圧された感情はだんだん積もり、時が経っても消えることはない。むしろ長い間抑圧された感情は、悔しさや怒りと結びつき、自分自身を傷つける機会をじっとうかがっているかもし

れない。

　では次に、『抑制（suppression）』について話そう。抑制は抑圧とニュアンスが似ているが、違いは何だろう。抑制は、無意識の底にあった自分の欲求が表に出たものを、つまり意識として明らかになった欲求を抑えることだ。たとえば、友人が一番好きなケーキが、一切れだけ残っているとする。わたしがそのケーキを食べてしまったら、友人はとても悲しむはず。だから、食べたい気持ちを我慢する。

　この例からわかるように、抑制は抑圧よりも範囲が狭い。「抑制」は「わたしが認識している欲求」に対するメカニズムだ。自分が抑圧している欲求が何なのか気づかないまま（無意識）、その欲求がいろいろな刺激によってランダムに現われて（意識）、それが自分の抑圧された欲求であると気づき、抑えようとする心の動きが「抑制」であるといえる。つまり、「抑圧」と「抑制」の大きな違いは、「意識しているか、いないか」だ。さらに自発的か否かも２つを分ける決め手となる。

抑圧：欲求に気づかない（無意識）、非自発的
抑制：欲求に気づいている（意識）、自発的

　恐れや苦しみという気持ちを避けたり抑えたりする習慣を変えるのは、簡単ではない。しかし、どんな欲求か気づかないまま抑えつけるのではなく、自分でコントロールできるようになれば、心が少し穏やかになるのではないだろうか。

抑圧ではなく抑制へとわたしたちの姿勢を導くためには、周りの人と関係性を築くことが必要だ。他者とかかわり刺激を受けることで、抑圧していたとすら思わなかった自分の欲求に気づくようになる。つまり、日々の生活の中で、感情について考えるようになるというわけだ。特に、だれかとケンカをしたり、わけもなくイライラしたりするときには、自分の気持ちをじっと観察してみてほしい。心の中に抑圧されていた部分があることに気づくかもしれない。

「心を抑圧されているのは自分だけ」と思う人がいるかもしれないが、そんなことはない。人間には、外の刺激から自分を守る心理メカニズムがある。そのうち、一番基本的なものが「抑圧」で、わたしたちはほとんど自覚せずにその機能を使っている。だから抑圧された感情は消えることはなく、最終的には別の形で現れる。また、抑圧する過程でとても大きなエネルギーを消費する。抑圧する力が強いほど、緊張と不快な気持ちも大きくなる。時には、抑圧された欲求に刺激されて怒りがこみ上げ、感情が爆発することもあるだろう。そして感情的に無防備になり、自分の行動をコントロールできなくなるかもしれない。

　こんなことがしばしば起きたらどうなるだろうか。人間関係にひびが入り、体調も悪くなる（みなさんも心理的に不安定になり、体調を崩した経験があるのではないだろうか。心理学ではこのような現象を「**身体化 (somatization)**」と呼ぶ）。

　怒りがこみ上げるシチュエーションを想像してみよう。「怒り」

を感じると、自分でも気づかないうちに抑圧してしまいがちだ。「本気でムカつく。でも怒るのはよくないから、ぐっと抑えて消してしまおう」と、感情をコントロールするのだ。では、少し考え方を変えてみよう。怒りがわいたときに、頭の中で自分にこう質問してみる。「本気でムカつく！　でも……わたしはなぜ、この状況であの人に怒りを感じているのだろう？」と。こんなふうに問いかけると、怒りを抑え込もうとする自分を、ふと落ち着かせることができるのだ。ここで重要なのは、怒るべきか否かを決めたり、怒りの原因を突き止めたりすることではない。もっとも大切なのは、自分の感情をコントロールする過程に変化をもたらしたという点だ。簡単そうに聞こえるかもしれないが、実際に怒りがこみ上げたときには、あっという間に前と同じように、怒りを抑え込もうとしてしまうだろう。そんなときこそ、「なぜ怒りを感じているのか？」と自問してみてほしい。

「抑圧」は自分でも気づかないため、ひとりで解決しようとするのは難しい。だから、周りの人に助けを求めたほうがいいときもある。心理カウンセリングを受けたり、たくさんの人たちと一緒に学び、理解を深めたりするのもいいだろう。共感し、理解してくれる人が近くにいるのも大きな助けになる。ただそれでも、抑圧された感情に向き合うのは簡単ではない。何が抑圧されているのかを見つけるだけでも、かなりの時間がかかるからだ。でも、つらい気持ちを抑え込まず、理由を考えてみる努力をすれば、心に必ずポジティブな影響がもたらされるはずだ。それをずっと続ければ、だんだんよい方向に変わっていくに違

いない。

　気持ちを抑え込もうとしていた力を、生きるパワーに少しずつ変えていこう。そうすれば、集中力も高くなり、自分でも気づかないうちに怒りがこみ上げることも減るはずだ。この文章を読みながら、心の中でからみ合った糸がほどけるような感覚になりますように。

＊p112／韓国で、昔から日常的に使われている用語。身体症状を伴う、うつ病の一種。憂うつと怒りを抑圧することで起きる心の疾患。

自分の感情を確認したいと思っているあなたへ

混　乱

　わたしは2年間、心理療法を受けながら、自分について新しくわかったことがいくつかある。そのひとつは、自分の感情について、常にだれかに確認しようとしていたということだった。治療がはじまったばかりの頃、先生がわたしにこう聞いた。「つらいことが起きたら、どうしますか？」。わたしは「親しい人に会います。ふだんは前もって約束するのですが、つらいときはすぐに会おうとします。いつもそうだったように思います」といった。「なぜそんなにだれかに会う必要があるのですか」という質問に、「いろいろな意見を聞いて、どうしたらよいのか考えたほうがいいと思うからです。そうすれば、間違う可能性も低くなるから」と答えた。先生と長い間話し合ったあと、帰り道でふと気づいた。わたしには、心の中の感情を自分で理解する前に、他の人に確認して安心する習慣があるということを。他人の意見をあれこれ取り入れながら、自分の感情をゆがめてしまうことさえあったということを。

おそらく、そのときのわたしは、自分の感情について、よくわかっていなかったのだろう。だから、他の人の意見を聞いて、それがどんな感情なのか決めていたのだ。「いや、あなたはつらいんだよ」「あなたは悲しいんじゃなくて、苦しんでいるんだよ」。こういう言葉を事実として受け入れていた。だれかと自分の感情を分かちあい、その感情をもたらした状況を解決するための方法を見つけようとしていたのに、むしろ感情を誤解していたのだ。そう気づくまで、ずっとわたしは自分の気持ちをだれよりもよく理解していると信じ、他の人へ正確に伝えているという自信さえ感じていた。しかし、まったくそうではなかったと気づいた瞬間、言葉を失った。「今まで知っていた自分は、錯覚だったの？　どうしてあんなに自信をもっていたのだろう」。頭の中に、いろいろな思いがぐるぐると渦巻いた。長い間、わたしは自分の感情を理解したふりをしながら、実際にはわかっていないことが多かったのだ。あるいは、感じないようにしていたのかもしれない。「本当にそう感じているの？　その感情は本物？」とだれかに聞かれて、考え込んだこともある。そして、その感情をもたらした原因がはっきりとわからないときには、自分が感じた感情を「ニセモノ」だと思ったりもした。感情自体が「理由であり、プロセスであり、結果である」と知らなかったから。

　『あなたは正しい[*]』という本がある。心理学に興味がある人なら、一度ぐらいは読んだことがあるだろう。ところで、あなたの何が正しいのだろうか。わたしは、感情を意味しているのではないかと考える。「あなたは正しい」とは、「あなたの感情が正しい」と解釈できるから。では、なぜ正しいのだろうか。このフレー

ズを少し変えてみよう。「あなたの感情は間違っている」。どうだろう。他人がわたしの感情を判断するのは可能だろうか。そして、他人が判断した感情を、当事者が必ず受け入れなければならない理由があるのか。おそらく、ないだろう。感情とは、主観的なものだから。感情は100％主観的で、どんな感情であれ、自分が感じているならそれは確実に存在する。道徳や法律で判断することでもない。だから、「あなたの感情は正しい」といえるのだ。「すごく不道徳で悪い考えが浮かぶことがあるけれど、これも許されるのだろうか」と、問う人もいるかもしれない。「悪い考え」は「感情」ではないため、正しいか間違っているかという判断は、ここではやめておこう。ただ、「不道徳で悪い考えが浮かぶ」ことで、「罪悪感」という感情が生まれたら、それが生じたという「事実」は正しい。補足すると、道徳、法律、規則は「行動」についての判断基準だ。感情ではなく、「間違った行動」を取ろうとするときに、参考にすべき要素だ。

　感情は、きわめて主観的で、意思とは関係なく生まれる。こういうと、「そんなのあたりまえじゃないか。感情は、そもそも勝手に湧き出すものだろう」と考える人もいるだろう。じつは、わたしもそう思う。しかし、本当はさまざまなシチュエーションでも感情が生まれるということを知りながらも、特定の状況でしか生じないかのように語られることが多い。例を挙げてみよう。

●あなたはテストに合格して希望の大学に行けるのに、どうして憂うつな気分なの？
●給料もしっかりもらえて、家族も何の問題なく暮らしているのだから、心配する必要はないだろう？

●あなたが持っているものに感謝すべきでしょ。なぜ不満を感じるの？

これらの言葉に共感するだろうか。わたしは、少し違和感を覚える。シチュエーションをもとに、相手の感情を決めつけているからだ。テストに合格したことと憂うつな感情とは、どのような関係があるのか。たしかに、合格しなかった場合よりは落ち込まないかもしれないが、合格したからといって、憂うつな気分になってはいけないのだろうか。シチュエーションと感情は必ずしも結びつかない。物事がうまくいっても憂うつに感じることがあり、連絡をくれる人がたくさんいても、孤独に感じることもある。一見、状況に合わないように見えても、その感情そのものを認めれば、より相手をスムーズに理解し受け入れることができるのではないだろうか。

感情は、通り過ぎていくものだ。嵐のように吹き荒れる間はつらいが、感情を解放する方法は、自分のペースでしっかり受け止めて過ぎ去るのを待つ以外にはないように思える。混乱して感情から目をそむけたり、シチュエーションを盾にして逃げたりすれば、通り過ぎる時間が遅くなるだけ。感情が湧き上がってきたら、そのまま感じてみてほしい。これはだれかと一緒にできることではない。ひとりぼっちで孤独だけれど、大事な時間。自分でも理解できない複雑な気持ちになったら、ひとりで静かに長く感じて、それがどんな感情なのか定義してみるのはどうだろう。自分で定義した感情は、いつだって「正しい」のだということを思い出しながら。

＊P120／韓国でベストセラーになった本のタイトル。日本語訳では『あなたは正しい 自分を助け大切な人の心を癒す「共感」の力』（飛鳥新社）。

自己肯定感を高めたいあなたへ

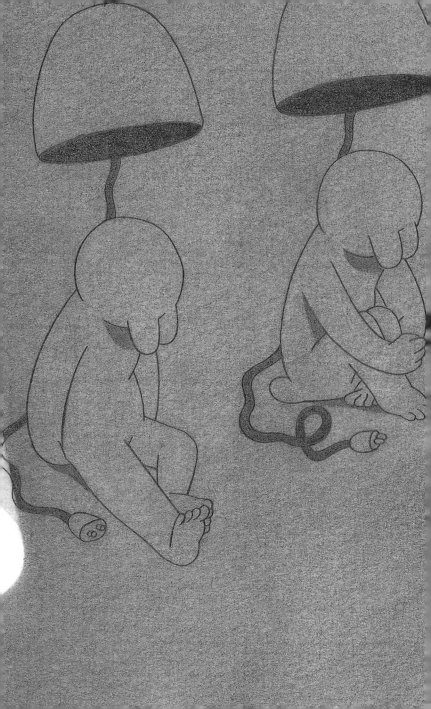

地に落ちた
自己肯定感

「自己肯定感を高めたい」「わたしは自己肯定感が低い」「自己肯定感を取り戻したい」

　他の人たちの前で自信をもって主張ができないとき、あからさまに無視されるとき、あるいは落ち込んでしまうとき、わたしたちは、自尊心を取り戻そうとする。他人との関係やシチュエーションに圧倒されてしまったときに心に浮かぶ「自己肯定感」という言葉。それは、どんな感情なのだろうか。

　自己肯定感とは「わたしは大切で愛されるべき人であり、どんなことでもできるという信念」だ。「自尊心（プライド）とどう違うの？」と質問する人もいるかもしれない。自己肯定感が「ありのままの自分に対するポジティブな感情」であるのにたいし、自尊心は「競争している状態での自分に対するポジティブな感情」

といえる。前者はひとりでも感じられるが、後者は比較対象が必要というわけだ。つまり、自己肯定感は「わたしの、わたしによる、わたしのための」気持ちといえるだろう。

　自己肯定感には、「高い」「低い」という表現がよく使われる。しかし、わたしは「強い」「弱い」という表現を使いたい。なぜなら、自己肯定感は高低という分け方で表す感情ではないからだ。成功体験が多ければ、自己肯定感は強くなる。大事なのは、目標が「自分で決めた」ものであることだ。目標を達成して、その過程でなにかをやりとげたという気持ちになるたびに、自分への信頼感は強くなっていく。この「特定のことを達成する能力の認識」を、『**自己効力感 (self-efficacy)**』と呼ぶ。自己肯定感を強くするために大事なのは、必ずしも大きなプロジェクトや、自慢したくなるようなすごい結果ではなく、自分の人生を豊かにするものであれば、なんでもいい。早く起きる、きちんと食事をする、夜食をやめる、毎日日記を書くなど、自分でタスクを決めて、それらをちゃんとやることで小さな成功体験を重ねることが大切だ。また、与えられた課題をうまくこなすと、「自分がなにかを上手にできるという感覚」、つまり『**自信 (self-confidence)**』が生まれたりもする。

自己肯定感：「ありのままの」自分を尊重し、愛する気持ち
自尊心：競争を通じて得られる、自分にたいする肯定感
自己効力感：達成したいことをやり遂げる「能力」を認識すること(能力の具体性≧個人の認識)。

自信：課題を成功させる能力にたいする「確信」。(能力の具体性＜個人の認識)

　自己肯定感がとても弱くなって自分自身を苦しめていたとき、やってみたことがある。毎日、卓上カレンダーに「○」の印をつけることだ。どんなに憂うつでつらい日でも、カレンダーに必ず印をつけた。自分の存在なんて価値がないと、生きるのがむなしい日々を送っていたけれど、それでもカレンダーを見つめると、少しだけホッとした。「こんなにダメなわたしでも、どうにか1日を乗りこえた」と思えたのだ。本当にささいな、他の人から見ればたいしたことがない行動が、わたしに「成功の感覚」を与えた。こんなふうに小さな達成感を集めていくうちに、だんだんもっと大きなやりがいをもとめるようになった。階段をひとつずつ上るように少しずつ自己肯定感を取り戻し、もっと強くする努力を始めた。こう書くとシンプルに聞こえるかもしれないが、実際にやるのは簡単ではない。自分の自己肯定感を理解するまでには、かなりの時間がかかる。そして、その間ずっと、小さな達成感を得るための努力を続ける、ねばり強さも必要だ。

　他人のものさしで自分を判断するのではなく、自分をそのまま受け入れることで、自己肯定感を育てることができる。大切なのは、「だれにどう見られるか」ではなく、「わたしが自分をどう見るか」だ。自己肯定感が弱くなると、他人の視点で自分を評価しがちになる。すると、「よく見られたい」と思い、「間違えたらどうしよう」「嫌われてしまうかも」と心配してしまう。失敗や批判を気にし始めると、新しいことにチャレンジするの

をためらうようになる。このような気持ちで、新しいことを始めると、どうなるだろうか。自己肯定感が弱い人は、完璧を求め、小さなミスでも、自分は失敗したと考える。こんなふうに自らに厳しくすると、自己肯定感はさらに弱くなり、悪循環に陥ってしまうのだ。

　周りの環境の影響もすごく大きいから、意志だけで自己肯定感を強くするのは難しい。わたしは、自己肯定感は個人の努力だけで強くできるとは思わない。でも、だからといって最初からあきらめるのではなく、まず、できることからやってみよう。自己肯定感が弱くなったと感じたときのために、自分を支えてくれる「とてもささいだけれど、自分に効き目がある方法」を身につけておくといい。

　長年の行動や考え方は、よし悪しは関係なく、自分にすっかりなじんでいる。だから、変化を避けるのだ。変化とは自分の「今のバランスを壊すこと」だから、大きな決心をしないかぎり、行動を起こすのは難しいだろう。でも、考えているだけでは何も変わらない。行動すれば、達成感を得ることもできる。自己肯定感が弱っていてつらいと感じるのであれば、できるだけ早く、達成感を得られる自分だけの方法を見つけるといいだろう。うまくいくかもしれないし、うまくいかないかもしれない。でも、なるべく上手にできそうなことに、たくさんトライしてみてほしい。大切なのは、「結果」ではなく「成功体験」だ。達成感は、「自分だってできる」ということ、「自分の人生をリードするのは他人ではなく自分だ」ということに、あらためて気づくきっかけを与えてくれるだろう。

怒っても怒っても怒りが残っているあなたへ

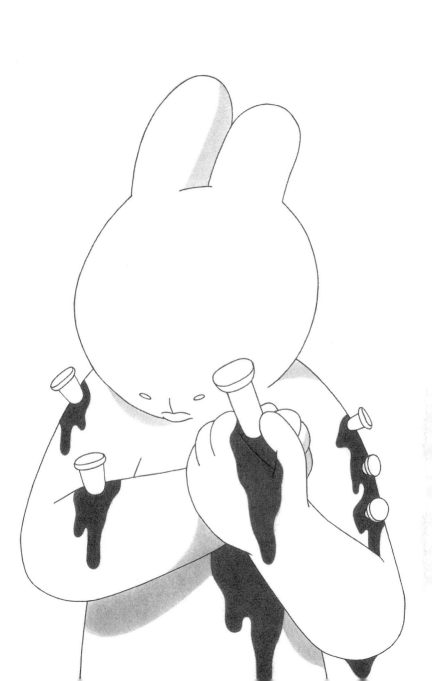

怒り

　目標や計画を何かに邪魔されて達成できなかったとき、わたしたちは挫折を経験する。「怒り」は、挫折にたいして生まれる感情だ。怒りは、攻撃的な行動として表れることもある。むりやり何かを強要されたり、一方的な要求をされたりして、自分の意思とは逆の状態にずっとさらされ、感情的・物理的に激しいダメージを受けたときも、怒りを感じる。

　怒りの主な引き金となっているのは、不公平、不正、不平等。最近は個人主義が広まったとはいうけれど、わたしたちの社会では今も、周りとの関係の中で自分の価値を確認しようとしがちだ。期待が満たされることなく挫折を感じ、特にそれが何度もくり返されると、怒りもどんどん大きくなっていく。会ったこともない他人から受ける不快な気持ちはあっという間に消える一方で、親しい人が原因で挫折した場合には、ずっと引きずっ

てしまう。そのため、わたしたちが怒りを爆発させる相手は、たいてい家族や友だち、恋人、親しい知人などだ。

　人間の心は、自分を守るために存在しているともいえるだろう。怒りは、不安、恐怖、愛情といった、原始的で動物的な感情だ。そして、爆発的なパワーをもっている。怒りは2つに分けられる。ひとつは暴力的な差別、社会的に不条理なできごとにたいする反発として起きる「無害な怒り」。もうひとつは、いらだち、敵意、憎悪といった「破壊的な怒り」だ。

　では、怒りを消す方法について考えてみよう。みなさんは、どうしているだろうか。攻撃的な行動を取れば、怒りが収まると考える人も多い。「ストレス解消部屋」をご存じだろうか。現在はほとんど見られないものの、少し前に韓国で話題になった、物を蹴ったり、バットでたたき壊したりして、ストレスを解消するというコンセプトの場所だ。社会的に許される範囲での、正しい怒りの発散法のようにも思える。

　力いっぱい叫びながら暴力的な行動をすることで、怒りが消えたような、スカッとした気分になる。しかし、怒りのエネルギーの圧力が下がって一時的にすっきりするだけで、怒りという感情が完全に消えたわけではない。さらに、物を破壊しながら感情を表すことをくり返すうちに、身体がそれに慣れてしまって治るのが難しくなる。つまり、怒りがこみ上げるたびに、我慢できずに攻撃的になってしまうというわけだ。暴力をふる

うとスカッとして気持ちよく、それを感じたいために、むしろ怒りの沸点が低くなってしまう可能性もある。

　家族療法の先駆者であるマレー・ボーエン（Murray Bowen）は、多世代家族療法を説明する中で、**『感情反射行動 (emotional reactivity behavior)』** という言葉を使った。文字通り、感情をすぐに行動で表すという意味だ。自我が弱いと衝動的に気持ちがゆさぶられ、非合理的な行動を取ってしまう。怒りに対する反射行動は、ほぼすべて暴力と結びつく。家庭内暴力や虐待はもちろん、ちょっといらだっただけで物を投げたり、大声でわめいたりするのも、怒りに対する反射行動だ。

　怒りの背後に隠れている感情は、不満や復讐心だけでなく、もっと複雑でさまざまだ。怒りの中には、ある対象に対する心配や不安、恐怖、失望、悲しみなどが渦巻いている。しかし、たいていの場合、なかなか気づかない。怒りのエネルギーが和らいである程度落ち着いたら、その中にどんな感情があるのか、見つめてみるといいだろう。

「感情は考えを生み、考えは行動を引き起こす」。これは、どんな感情にも当てはまる。心の中でムクムクとわき上がる感情について考えることができれば、わたしたちは自ら行動を選び、その感情を表現できるようになる。しかし、「怒り」のエネルギーはすさまじく、一気に爆発するため、考える隙もなく行動してしまうケースが多いのだ。だから、大きなエネルギーをもつ感情であるほど、行動する前に理性的に考えるべきだろう。

否定的な感情をコントロールするための方法を、3つのステップでまとめてみた。

1. 反応を抑えて、感情を自覚する
2. その感情にじっと留まる
3. 自分ができることを探す

このうちわたしにとってもっとも難しいのは、最初のステップである「反応を抑えて、感情を自覚する」だ。怒りがこみ上げて叫びたくなる瞬間の反応をこらえるのは、本当に大変だ。そんなとき、深呼吸をすると、怒りの嵐が突きぬけようとしている身体が鎮まるのを感じることができる。こうすることで、「わたしは今、本当に怒っている」と感じるように努力している。だれかがわたしのこんな様子を見たら、すごく奇妙に思うだろう。他の人の前では、相手を気にして自分の感情に集中するのが難しい。だから、まずはひとりで練習してみてほしい。怒りを感じたら、その感情を意識しながら同時に抑えることができるように。

2つめのステップである「その感情にじっと留まる」では、身体の変化を感じてみよう。怒りがわき上がるとき、自分の身体がどう反応するのかを。感情への反応は、身体で直感的に認識することができる。

3つめのステップである「自分ができることを探す」では、

たとえばこんな方法がある。怒りを感じる対象との関係を続けるかやめるかを考えるのだ。前に書いたように、わたしたちが怒りを爆発させる相手は、たいてい家族や友だち、恋人、親しい知人たち。だから、関係を断つのはとても難しい。難しい選択ほど悩む時間が長くなり、つらくなる。そして、悩みをもたらす対象への怒りは、さらに激しくなっていく。怒りはつらさに拍車をかけ、つらさは怒りの炎に油を注ぐ。しかし、残念ながら、相手がわたしたちの望みどおりに変わることはない。相手の行動が変わることを期待するのは、もしかすると幻想かもしれない。叶わぬ期待は失望をもたらし、それはくり返されるだろう。それにもかかわらず相手との関係を続ける必要があるのなら、自分の行動を変える必要がある。相手を変えようと努力するのではなく。この方法は、何かを譲って別の何かを得る、おたがいに共存するための「感情的な譲歩」であり、「知恵」ともいえる。

わたしは怒りを感じるたびに、このステップを試している。何度やってもなかなかうまくできないけれど、怒りにまかせて行動してミスをおかすケースは、かなり少なくなった。自分にとって効果のある方法だと思うので、くり返しやっている。「今度はもう少しうまくできるだろう」と。

世の中の多くのことは、それぞれのリズムでつながっている。種から芽が出て成長し、そして実をつけるように。これを「自然の法則」という。心を扱うことも、それと同じ。自然の法則

が乱れると副作用が起きやすくなって、結局自分で解決しなければならないのだ。

感情を抑圧するのは、ストーブをつけた部屋の煙突をふさいでしまうようなものだ。外に吐き出されるべき煙が部屋の中にこもれば、部屋にいる人は体調を崩してしまう。すでに火を燃やしているのであれば、煙突をふさぐのではなく、煙をうまく外に出す方法を考えるべきだろう。感情をどう扱うかは本人次第。怒りを解消するためにどのような行動をとればよいのか。わたしたちは、それを自分で選ぶことができるのだ。

怒りが噴き出す前にそのきざしに気づいたら、どうすればよいだろうか。わめきながら何かを壊し、泣きながら相手を罵倒するのか。それとも、怒りを落ち着かせ、感情を表現する言葉を見つけようとするのか。怒りをお客さんにたとえて想像してみよう。その客は、どんな理由があって心の中に訪れたのか、どれくらいのあいだ滞在するのか、自分がどう反応するのかを考えてみてほしい。玄関の鏡の前で服を整えるように、怒りが心から身体に表れる前に、じっくりチェックしてみるといいだろう。そうすれば、怒りから距離を置いて、「怒っている自分」を見つめる体験をすることができるから。

＊p134／3 世代以上にわたる家族の歴史をもとに個人の心理、家族内の相互影響関係、世代間の伝達を統合的に理解しながら、家族をサポートするアプローチ。

自分の心を見つめていないあなたへ

葛　藤

　冷たい水を飲むべきか、常温の水を飲むべきか。今朝、ウォーターサーバーの前でカップを手にふと考えた。冷たい水は気分がすっきりするけれど体が冷えてしまうかもしれない。常温の水は、飲み心地はいまいちだけど、健康にはいいのではないか。みなさんも、こんなささやかな葛藤を日常的に経験しているだろう。一日に感じる迷いや葛藤を記録しようとしたら、書ききれないうちに日付が変わってしまうかもしれない。気づくことさえない葛藤もあるはずだ。

「人生とは、生（Birth）と死（Death）の間の選択（Choice）だ」という言葉がある。この言葉に反論する人はほとんどいないだろう。選択は、葛藤を前提としている。わたしたちはたえず自分の欲望と外部の要求の間で、何らかの選択をしているのだ。朝起きてスッキリしたいために冷たい水を飲むように、面倒だと思いながらも髪を洗うように。わたしたちが日々の暮らしの中で向

き合う葛藤は、次のようなものがある。

1. **禁じられたものと欲望の間の葛藤**
2. **利益と損失が共存するものから何を選択するかという葛藤**
3. **似ている魅力をもつ2つ以上の選択肢の間での葛藤**
4. **避けたい2つ以上の選択肢の間での葛藤**

　葛藤が起きると自分の心の中で欲求がぶつかり合う。そのとき経験するのが**『認知的不協和 (cognitive dissonance)』**だ。認知的不協和の状態になると、心はバランスを保とうとする。自分の態度（信念、考え、価値観）が現実と異なると、とても不快な気分になる。そんなとき、わたしたちはしばしば不満や矛盾から生まれるストレスを減らすための選択をし、自分の態度や行動を現実に合わせて変えることがある。つまり、不快な現実をもっとスムーズに受け入れるために、自分を変えるというわけだ。たとえば、自由な考え方をする**Aさん**が、保守的で階級的な秩序を重んじる官公庁で働くことになったとしよう。

●自由な考え方をする「Aさん」
●ルールと保守的で階級的な秩序を重んじる「官公庁」

Aさんの態度と仕事の環境の不一致 → 不協和のプレッシャー → **Aさん**と状況の間で妥協が必要 → **Aさん**の認知の転換 → **Aさん**の考え方の変化（転職する必要はないかもしれない。もう仕事にも慣

れて、給料もいいし、ここもそれなりにいいと思う。他の職場に移っても似たような
ものだろう）→ 不協和のプレッシャーが軽減 → **Aさん**は心の安定
を取り戻す。

　葛藤が始まったばかりの頃は苦しいが、認知的不協和を経て
心が落ち着くと、ずっと楽になる。しかし、葛藤を感じるたびに
こうした過程をくり返したら、どうなるだろうか。思い浮かぶのは、
フランスの作家、ポール・ブールジェ（Paul Charles Joseph Bourget）
の次のような言葉だ。「自分の考えた通りに生きるべきだ。そうし
ないと、やがて生きた通りに考えるようになってしまう」。認知的
不協和によって相手の要求に合わせてばかりいると、最初に抱
いていた信念を失ってしまう。生活の中でわたしたちは、信念
を取引しながら葛藤を解決しようとする。その交渉相手は他者
や特定の環境のようにも思えるが、最終的に対峙するのは「自
分自身」だ。自分の信念を守るためには、不快な現実に耐える
ことが必要だ。さまざまな欲求のはざまで葛藤するのは、四方
から綱で引っ張られているような状態といえる。決断できずに
葛藤する中で信念を守るためには、ふんばる力が必要だ。その
結果、自分が考えた通りに生きる選択ができるのなら、ためら
うのはやめるべきだ。しかし、生きた通りに考えるように要求
されたのなら、失った自分の信念を埋めるための何かを、現実
の中に見つける必要があるだろう。

ある人の前で氷のように固まってしまうあなたへ

緊 張

　初めてわたしがドローイング[*]の講義を担当したのは、2013年のことだった。その後3年間、ドローイングの基礎について教えたが、最初の6か月間ぐらいはすごく緊張していたように思う。講義はたいていランチやディナーの後の時間帯だったけれど、食事をほとんど食べることができなかった。授業をしながら少し疲れを感じると、ビスケットをひとつだけ食べたり、ドリンクをひと口だけ飲んだり。それでも時には急に体調が悪くなって、簡単なドローイングの手本を見せるときも、手がぶるぶる震えているのが自分でもわかるほどだった。

　何も見なくてもすらすらいえるほどだった理論も、学生の前で説明しようとすると、冷や汗が出て背中がびっしょり濡れて

しまう。授業の始めにどんなふうにあいさつしていたのか、まったく記憶にない。でもだんだん、緊張してガチガチになったまま授業を続けるのは受講生にたいして失礼ではないかと思うようになった。

　知人の中に、「あなたの緊張を共有するといい」とアドバイスしてくれた人がいた。なるほど、とても簡単ですぐに試せる方法だ。そこで、次の講義の冒頭で「堂々としているように見えるかもしれないけれど、じつは今にも気絶しそうで、どうにか立っています」と正直にいってみた。その瞬間、緊張がすっと消えた。これを何度もくり返すうちに、講義の前におやつを食べられるようになった。授業を続けるうちに、まだややぎこちない感じはするものの、知らない人たちの前で話すことが平気になった。この過程を振り返ると、一番大きなターニングポイントとなったのは、「今すごく緊張している」と明かした瞬間だった。その場にいる人たちと自分自身に、ありのままの状態を伝えたのだ。言葉に出せたおかげで「今、わたしが緊張していることをこの場にいるすべての人が知っている。だから、もう緊張する必要はない。失敗しても大丈夫！」と、自分を安心させることができたのだと思う。

　緊張したとき、わたしたちはどんな気持ちになるのだろうか。おそらく心に最初に浮かぶのは、次のような言葉だろう。「失敗したらどうしよう」「間違えたらどうしよう」。しかし、それだけではないはず。もう少しよく考えてみると、次のような気持ち

にも気づく。「だれもわたしに注意を払ってくれなかったらどうしよう」「知らないことにぶち当たったら、どうすればいいのだろう」「準備したことと違っていたらどうしよう」。では、なぜこうした気持ちになるのだろうか。おそらく、「完璧にやり遂げたい」「カッコよく見られたい」「注目されたい」「自分のすごさを見せつけたい」という願望がその根っこにはあるのではないか。こんなふうにいうと、「まさか。わたしにはそんな願望はない」と受け入れられない人もいるかもしれない。でも、じっくり自分の内面を観察してみると、じつは少なからずそのような願望があると気づくはずだ。緊張は失敗にたいする不安ともいえる。ここで「失敗」とは、自分が描く理想的な姿との誤差を指す。理想的な姿とは、「完璧な自分」ということなのだろうか。

　緊張とは「今」感じる感情だ。ところが不思議なことに、緊張を和らげる方法について話す場合、「未来」を想定していることが多い。「あの人のように、人前ですらすらと話せるようになりたい。自分の意見をためらうことなく主張し、ジョークも言える余裕がほしい」というように。少なくともここでいう「あの人」は、「緊張しながらどうにか立っている今のわたし」ではないだろう。このように、現在の自分と理想の自分の差が大きいほど、さらに緊張するようになる。

　南アフリカの精神科医・心理学者のジョーゼフ・ウォルピ（Joseph Wolpe）という人がいる。彼は心理療法のひとつ、行動療法のパイオニアのひとりで、**「系統的脱感作法（systematic** desensitization)』という行動療法を生み出した。これは主に強い不安や恐怖を経験した人に使われる療法で、不安や恐怖を感じる状況を強度ごとに段階的に整理して、少しずつその状況にさらすことで感情の反応を和らげていくというものだ。小さな刺激から始めて、だんだん大きな不安を感じる刺激を与える。こうして特定の状況で感じる刺激に対するストレスのレベルを下げていき、心を安定させるのだ。飛行機恐怖症、対人恐怖症、犬に対する恐怖症など、さまざまな恐怖や不安から生まれる不適応行動に大きな効果がある。

このプロセスを簡単にまとめると、次の3つの段階になる。

筋肉のリラクゼーション（瞑想、深呼吸など）→不安を階層別にリスト化→不安の階層別リストを用いて系統的脱感作法を行う

不安の階層別リスト：不安を引き起こす刺激を、強度やテーマ、回数、時間、空間などの基準で順序づけたリスト。通常、弱い刺激から強い刺激の順にリスト化される。

予測できない状況を前に強い緊張を感じるときは、まずはすぐにできることから挑戦してみるといい。たとえば、教室にひとりで立って本を音読しなければならないのに緊張で口を開くことさえやっとの場合、まずは単語だけでも声に出してみよう。次に文を読み、そのまた次には段落を、そして最後に全体の内容を読むというように、段階的に進めていくのだ。

すごく緊張すると、どうしたらよいのか戸惑ってしまう。でも、緊張が解けるとホッとして、そのまま忘れてしまいがちだ。どのような状況で緊張するのか、思い出してみてほしい。ガチガチになっている自分の姿を思い浮かべて、リラックスした状態でじっくり観察してみよう。緊張の中にどんな感情が入り混じっているのかを探るのもいいだろう。緊張を引き起こす原因となっているのはどんな「願望」なのか。じっくり考えてみてはどうだろう。

『アンナ・カレーニナ』を書いたレフ・トルストイは、こういった。「小さな変化が起こるとき、真の人生を生きることができる (True life is lived when tiny changes occur.)」。トルストイがどんな意味をこめたのかはわからないが、わたしはこう考える。ここでの「小さな変化」とは、今まで認められなかった現在の自分を認める瞬間のこと。自分を認めるだけで、自分に正直な人生を生きることができるようになる。緊張に振り回されていた自分をまるごと受け入れるだけで、緊張しないように努力していたときよりも、本当のあなたにぐっと近づくことができるだろう。

＊p146／製図の意味だが、美術では線画を指す。

影の人になってしまったあなたへ

侮蔑

　侮蔑とは、自分の存在を言葉や行動で軽蔑されたり否定され
たりしたときに生まれる感情だ。人間未満の扱いを受けたとき、
つまり自分が存在しないかのように見下されたとき。いい換え
れば、ばかにされたり、無視されたりしたときに、わたしたち
は侮蔑されたと感じる。侮蔑のベースとなっているのは、人を
モノのように見る考え方だ。「侮蔑された」と感じさせる人は、
おそらく自分自身のことも同じように扱う可能性が高い。

　相手と自分を値踏みして、自分のほうがずっと高価だと判断
すると、ためらうことなく相手に雑に接するようになる。そし
てそのような態度をとるのが当然だと思い込む。その人の心の
中では、すべてのものに値札が付いているのだ。

本来、人間とは値踏みできない存在だ。それぞれが考え、判断し、他者と出会ってさまざまな関係を築き、社会をつくる。たくさんの人がいる色とりどりの世の中で、自分だけが「値札」のついた世界にいるとすれば、それは地獄を生きるようなもの。人は自身が存在する理由である、唯一無二の価値という基準をゆるがす対象に出会うと、激しい不安を感じるようになる。不安は極端な行動を引き起こし、相手を排除しようと試みて、結果、相手をぞんざいに扱うようになる。一方、排除の対象になった人は、まるで存在しない影のように扱われ、恥と屈辱を感じて地獄を味わう。つまり、「侮蔑」という感情が生まれるとき、侮蔑する側もされる側も、自分の世界が壊れる瞬間を共有しているというわけだ。侮蔑という感情は、侮蔑する側の非合理的な感情が爆発することで生まれ、される側の心を抑圧する。

　人は、だれかと比べて自分の位置を知り、前進する生き物だ。わたしたちは「平等で、助け合いながら皆が幸せに生きる」という理想を抱いている。逆にいえば、現実ではその理想が簡単には実現しないと知っているからだろう。大っぴらに明かすと社会的に非難されるけれど、じつは心の中では他者と比べ、順位をつけ、自分が優れているかどうか評価する。でも、このときに生じる誤解には注意が必要だ。それは、たとえば「人には優劣があって、差別するのはあたりまえ」というような考え方だ。

　平等を志すのはとても大切だ。自分よりも劣っていると評価した他者を無視しようとする心にブレーキをかけ、不完全なわ

たしたちが助け合って生きるよりどころになるからだ。「異なる価値には優劣がない。わたしたちは平等だ」と気づいたとき、つまり、「人がそれぞれ違うのはあたりまえ」と認めた瞬間、侮蔑という感情は消えるのだ。

「理由はないけれどあの人が嫌い」というあなたへ

不快

　何かをしてもらったわけでもないのに心惹かれる人がいれば、何かをされたわけでもないのに腹が立つ人もいる。何か問題がある関係ともいえないのに、何も問題がないというのも違和感がある。そんなモヤモヤした気持ちは、相手といる間ずっと、わたしたちの心を不安定にさせる。この項では、そのような不快な感情を『**投影 (projection)**』というキーワードで観察してみたい。

「投影」とは、自分の心の中にある、受け入れられない、または耐えられない考え方や衝動、感情を「他の人のせい」にする防衛機制だ。望ましくないものを、自分ではなく、他者が持っているものとして認識する。他の人と自分の心理的な境界があ

いまいであればあるほど、今感じている非道徳的な欲望が自分から生まれたものなのか他人のものなのか混同し、投影という防衛機制が働きやすくなる。「無視」の項で、「知性化」（24ページ）という防衛機制について書いたのを覚えているだろうか。自分にとって受け入れがたい感情をできるだけ意識しないようにするために、感情を抑えて事実や論理に集中することを「知性化」と呼ぶ。抑圧の一種ともいえる「知性化」に比べて、「投影」は否定的な感情を積極的に表すのが特徴だ。そのため、「投影」は日常生活でよく目にするものだ。

1. **わたしはAがなぜか嫌いだ。理由はよくわからないけれど、ただたんに嫌いだ。**
2. **Bは皆に親切だというが、わたしは、それは親切ではなく同情だと思う。**
3. **Cにとても親切にしているにもかかわらず、Cはわたしに大きな不満を抱いているようだ。**
4. **Dはわたしにだけ不親切だ。ずっと変わらないと思うので、Dに同じように冷たく接している。**

　こうした状況を経験したことがあるだろう。上の4つのフレーズの共通点は何か。それは、相手を嫌うはっきりとした理由がない、または大げさに捉えているという点だ。特に4つめは、相手の不親切な態度にたいして自分も同じように振舞ったといっている。じつは自分の態度こそが相手 **(D)** が不親切になった原因かもしれない。さらに、「わたしだけに不親切」というの

が真実かどうかも考えてみる価値があるだろう。

　すべての人は、隠したいと思う部分をもっている。表に出したくない自分の考えや衝動がどんなものであるか、知っている。しかし、自分で絶対に認めることができない欲望は、隠したいと考えることすら難しい。まるで「危険な欲望」をもったことなんてないかのように自分を演出し、真実だと思い込む。そうして自分自身を守っているのだ。わたしたちの心は、目の前の苦痛を避けようとする。だから不快を和らげるために、感情を抑えつけたり（抑圧）、表に出したり（投影）するのだ。

　心という家があると想像してみよう。ある日、その家に客を招待した。見える部分はきれいに掃除し、きちんと整えた。見せたくないものは物置部屋に押しこんだ。客たちが物置を開けるかもしれないと考えて、扉に鍵をかけ、カーテンで隠した。楽しい時間を過ごして客が帰った後も、物置の扉は閉じたまま。あれ？ 考えてみると、これまでも物置にモノを入れても取り出すことはなかった。中に何が入っているのか、だいたいわかるけれど、はっきりとは覚えていない。そのうち何気ない日常の中で、突然物置の存在を思い出し、気になるようになった。客が物置の近くに行くだけで、気持ちが高ぶる。客がカーテンを開けてドアノブに触れるだけで、あわてて声を上げ、怒ったりもする。

　もし、きっちり閉じられた物置の扉をだれかが開けてしまったらと想像してみてほしい。ましてや、奥深く隠していた物置

の中のモノを勝手に取り出されたらどうだろう。それが自分のものだと絶対に認めたくない品物だとしたら、不快な気持ちになるのは当然だ。

　川の汚染物質を確認するためには、川底を掘りかえさなければならない。何もしなければ、一見、川の水は澄んでいるように見えるかもしれない。川の底に何があるか、だれも気づかないまま。

　自分で心の底を掘り返すことはできない。むしろ心の底を固めて平らにしたいと望んでいる。だから、自分ではなく他のだれかが心の底を探ろうとするとき、穏やかで澄んだ川の水に土足で入ろうとするその人を、責めようとするかもしれない。

　他者に対する投影をつうじて、わたしたちは抑圧された本能、受け入れがたい考えや衝動をもつ「認めたくない自分」を発見するのだ。そのためには、他者から受けた不快な気持ちとそれにたいする自分の態度を注意深く観察するといい。そうすれば、自分の中の認めたくない、心の奥深くに隠している欲望を知ることができるから。

やってもムダだというあなたへ

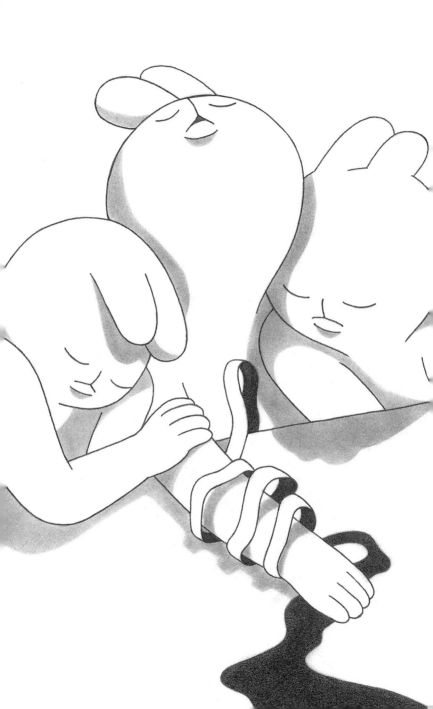

無力感

　ここでは、無力感について、特に体力面ではなく感情的に無力だと感じることについて語ってみたい。無力感。この言葉を聞いたときに受ける印象は、きっと皆ほぼ同じだろう。聞いたり口にしたりするだけで、まるで水を吸った綿をぽんと載せられたかのように、心が重くなる。

　自分の能力を過信して何度も失敗してしまったり、挫折したり。状況をコントロールできなくなったり、何をやってもダメだというネガティブな考え方をくり返したり、繊細すぎて疲れてしまったり。無力感は、いろいろな形で日常生活に影響を与える。そして、苦しくて、すべてを投げ出して、どこかに消え去ってしまいたい状況に追い込まれてしまうことも。

無力感に陥った人は、周りの人からは、とんでもないなまけものに見えるかもしれない。しかし、それは一面的な姿にすぎない。ちょっと違う視点で考えてみよう。すべてに積極的で責任感が強く、とても勤勉で、ぎりぎりまでベストを尽くすけれど、何度も挫折して、結局すべてのことをあきらめてしまう人。じつは、こんな人かもしれない。

　無力になると、「やってもムダだ」と思ってしまう。できる限りすべての方法を試してみたけれどうまくいかなかったので、これからも同じだろうと結論を下すのだ。大切なのは、無力感を理解し、認めること。それは、自分の心がひどく疲れていると伝えている感情だ。だから、そこから生まれる感情や行動もしっかり確認したほうがいい。

　否定的な感情にとらわれると、それが永遠に続くように思える一方で、そこから抜け出したいという気持ちも生まれる。何をしてもうまくいくわけがないと思いつつ、時折、無力感から脱出したいと願うようになるというわけだ。苦しいとき、わたしたちは原因を外部に求め、条件や状況、他人などを責めてしまいがちだ。しかし、ここまで本書を読んだ方なら、苦しみは、自分の心の異常を示すサインに気づきながらも無視したり、理解できなかったりすることで生まれることが多いと気づくだろう。もちろん、わたしたちの心は外部の環境にたえず影響を受けている。でも、自分の心を真っ先に救えるのは「自分」だ。だから、

まず自分の心の変化についてしっかり知ることが大切だ。

　心にはさまざまな感情が出たり入ったりする。心はすべての感情を受け入れることができるほど広く、空っぽでありながら満たされている空間だ。どんな感じか、理解できるだろうか？空っぽでありながら満たされているとは、妙な表現だと思うかもしれないが、じっくり考えれば「あっ！」と気づく瞬間があるはずだ。無力感も同じ。心を埋めつくしながらも、いずれは消える感情だ。無力感をコントロールするのは、心を元どおりに戻す、つまり、いろいろな感情が出入りする状態に戻る過程ともいえるだろう。無力感に押しつぶされている自分の心に気づかぬふりをするのではなく、隠そうと防衛行動をとるのではなく、無力なありのままの「自分」を認めるのだ。

「感情を認めたら、何が変わるの？」と思う人もいるかもしれない。わたしも長い間、そんな疑問を抱いていた。本を読むとき、勉強するとき、先生や周りの人々や自分自身にたいしても、感情をきちんと認めようとしていなかった。ところがそのうち、この疑問は感情の変化の過程に、かならず正解が存在するだろうという考えを前提にしているのだと気づいた。自分の感情を認めることがどんな結果をもたらすのかは、だれにもわからない。ただ、感情を認めることが、今直面している問題を解決する努力の原点になることは確かだ。無力感にさいなまれている自分を救うためには「無力なわたし」を認めることが最初の一歩。ごくあたりまえのことだけど、きちんと受け入れられないときも

多い。だから、「無力なわたし＝無能なわたし」と誤解して、自分を非難してしまったりもする。

　無力感は、自分の状態をありのままに示す感情だ。無力感はわたしたちを苦しめる一方で、自分が無理していたことをやめるきっかけにもなる。韓国には「転んだついでに休む」ということわざがある。「予期しなかった出来事をきっかけに、やるべきことができる」という意味だ。想定外の状態に陥ってしまったときこそ、無力感にとらわれている自分の姿をしっかり認めるチャンスなのだ。

PATH GUIDE
生き方の案内書
他人から与えられる黒い感情

「緊張」**144**p 「無意味」**180**p

わたしたちは何かをたんにやり過ごすのではなく、意味がある
ことを成し遂げたいと望んでいる。「できるからやる」よりも、「や
りたい」ことを探し、現状に満足することなく、さらに大きな
意義を追い求めながら生きている。しかし、はたすべき義務に
こだわりすぎたり、逆に軽んじたりしすぎると、問題が起きる。
こだわりすぎると緊張して神経がピリピリしてしまうし、軽んじ
すぎると、生きるパワーや楽しさが失われてしまう。あなたが
思う人生の意味とは何か。それはあなたにとって、重すぎてい
ないか、軽すぎていないか。少し立ち止まって、考えてみよう。

2nd PATHで出合った感情たちをもう少し知りたい方は
こちらへどうぞ。

「不快」156p ☙ ☙ ☙ 「省察」198p

認めたくない自分の欠点を相手に投影して、自分ではなくその
人を嫌いになるのは、たやすいことだ。ところが、相手のよく
ない点を自分の中に見つけようとするのは難しい。だんだん不
快な気持ちになって、内面を見つめるのをやめたくなるかもし
れない。でも、それは自然なことだ。不快な気持ちのまま、自
分の感情と相手を切り離してそれぞれを気遣うのは難しい。こ
の本では、そのような「難しい」ことについてひたすら語って
いる。その過程で気づきを与えてくれるのが「省察」だ。省察
とは、自分の心の変化を「第三者の目線」を通じて見つめること。
「省察」についてのページでは、わたしたちの心に存在する見
知らぬ自分を発見してみるといい。

Station
1

2つの旅を終えたみなさんへ

ここですこし立ち止まり、
リラックスして黒い感情を見つめてみよう

自覚

希望

無意味

当惑

憤り

虚無

自己防衛

不安の誕生

消耗

後悔

傷

省察

混沌

錯覚

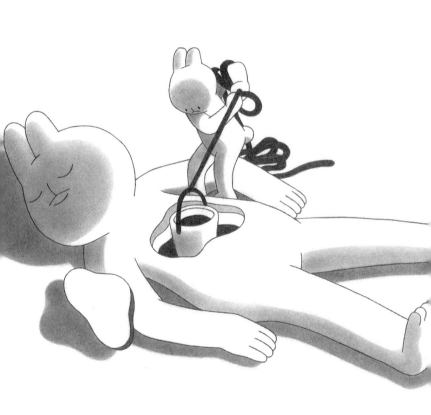

自　覚

　心の中には、いろいろな感情が入り混じっている。自分の感情を他人のものだと思い込み、他人の感情を自分のものだと錯覚して、苦しんだり後悔したりしたことが何度もあったはず。からみ合った感情を解きほぐし、自分のものか他人のものか自覚できれば、感情に振り回されて傷つくことは減るだろう。

希望

　希望は挫折から芽生える。大きな挫折を経験すればするほど、大きな希望を抱くようになる。挫折とはまるで枯葉のようだ。時が経つと堆肥になり、希望を生む栄養のもとになる。

無意味

　仕事には、もともと意味はない。必要に応じてやらなくては
ならない仕事が生まれ、消えていくだけ。それがどんな意味を
持つかは、自分次第だ。ただし、仕事の意味、つまり仕事の価
値と自分自身を同一視するのは危険なこと。仕事に大きすぎる
意味を与えるのは、自分の欲望を満たすためだから。

当　惑

　認めたくない自分自身の内面を見てしまったとき、わたしたちは自分にたいして「本当はこんな人間ではないのに。何か間違っている」という。そして、目のあたりにした自分の姿と、それを認めようとしない自分の間で苦しむ。

憤 り

　だれかに憤りを感じるとき、相手がすべて間違っているのだろうか。また、その相手に怒りを向けることが、すべて正しいといえるのだろうか。怒りは、相手が不当であることと、自分が正当であることを裏付ける、妥当な理由になるのだろうか。

虚 無

　皆が拍手をする中で、自分だけが拍手をしていないと気づく
とき、わたしたちは虚無感に襲われる。他人に認められたとき
に初めて、自分を認めたことがなかったと気づくからだ。

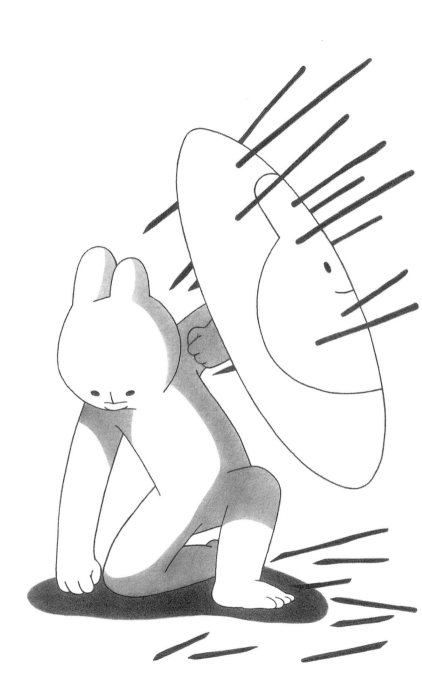

自己防衛

　心の中には、自分がよく知らない「わたし」が何人もいる。そのすべてを知っているわけではない。さらに「わたし」たちは、たがいの顔すら知らない。時には、そんな「わたし」が「わたし」を守るために、代わりに痛みを抱え込むこともある。傷を引きうけた「わたし」に気づかなければ、痛みは消えたように思えるだろう。しかし、何らかの理由で、痛みを抱えた「わたし」に気づいたり、耐えられないほどの苦痛に直面したりしたときには、「わたし」を守ろうとするこのメカニズムが、逆に「わたし」を崩壊させることもある。

不安の誕生

　わたしたちは、この世に誕生することで、完全無欠な世界から不完全な世界へと放り出される。不完全から始まる人生という旅路に、不安は永遠につきまとう。もっとも賢い行動は、不安のレベルを適切に保つこと。そうすれば、愛、情熱、勇気、希望、安定、創造、挑戦などが芽吹く。不安をうまくコントロールしようとする感情が、美しいものたちを生み出すのだ。

消　耗

　「発展」が意味するのは、社会的な成果だけではない。自分が健康になるようにきちんとケアすることも、心の「発展」といえるだろう。心が発展するためには、ときどき立ち止まって自分のいる場所を楽しむ時間をもつことがとても大切だ。ささやかに思えるかもしれないが、そんなわずかな時間が、すりきれた心を癒してくれる。

後 悔

　わたしたちは、心に刻んでおきたい出来事よりも心から消してしまいたい出来事について語ることが多い。ところが、記憶を消そうと努力するうちに、記憶に残る思い出をつくる機会を逃してしまう。そして、人生が終わりに近づいたある日、そのことに気づくのだ。

傷

　隠したはずの傷に意識を向けると、傷が再びうずく。ある刺激を受けるたびに傷がうずくのは、刺激をもたらす要素や対象に劣等感があるから。そんなときには、感情を言葉で表してみるといい。まず、自分の感情をありのまま認め、次に感情と思考を分け、最後に感情と思考に合う表現を見つけて口に出すか、書いてみよう。最初はぎこちない感じがするかもしれないが、一言表現するだけで、解き放たれた気分になるだろう。

省 察

　省察とは、たんに今日起きた出来事を振り返ることではない。自分の気持ちを癒したり、積み重なった思いを独白したりすることでもない。省察とは、ある出来事によって自分の心がどのように変化したのか、舞台に立つ自分を観客の目線で見つめることだ。ここでの観客とは、他人ではなく、他人のような未知の自分のことだ。

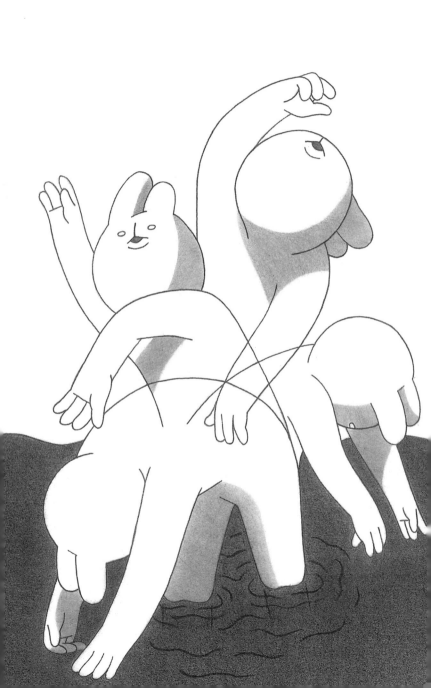

混　沌

　　シンプルなことを複雑に、簡単なことを難しくするのが正し
い生き方だと錯覚することが、よくある。抱いている感情が真
実ではないことも、よくある。つまり、わたしたちは自分でも
気づかない間に、シンプルな感情を複雑に演出している可能性
がある。

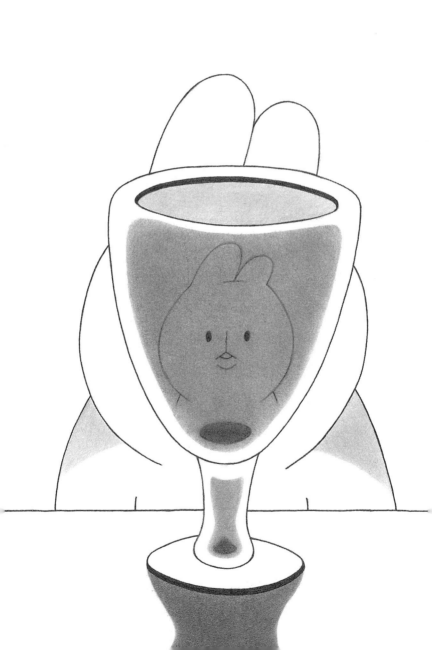

錯　覚

　わたしたちは「自分のことをよく知っている」と考えている。「自分に近い人たちのことも十分に知っている」と信じている。でもじつは、見えているのは「本当の姿」ではなく、外の世界という鏡に映る姿のみ。だとすれば、自分についてよく知っているといえるだろうか。他の人についてはどうだろう。自分と相手のことを知っているようでも、深く理解しているとはいいがたい。つまり、自分と他人に対する評価と判断は、間違いだらけである可能性が高いのかもしれない。

3rd PATH

不安から生まれる
黒い感情

燃え尽き症候群

心配

回避

 気持ちを見失う

敏感

依存

疑心

焦燥感

哀れ

感情の起伏

燃え殻になってしまったあなたへ

ご購入作品名

■この本をどこでお知りになりましたか?

□書店(書店名)
□新聞広告 □ネット広告 □その他( )

■年齢 歳

■性別 男 ・ 女

■ご職業

□学生(大・高・中・小・その他) □会社員 □公務員
□教員 □会社経営 □自営業 □主婦
□その他( )

ご意見、ご感想などありましたらぜひお聞かせください。

ご感想を広告等、書籍のPRに使わせていただいてもよろしいですか?
□実名で可 □匿名で可 □不可

　　　　　　　　　ご協力ありがとうございました。

郵便はがき

102-8519

東京都千代田区麹町4−2−6
株式会社ポプラ社
一般書事業局　行

お名前	フリガナ	
ご住所	〒　　−	
E-mail	@	
電話番号		
ご記入日	西暦　　　　　　　　　年　　　月　　　日	

**上記の住所・メールアドレスにポプラ社からの案内の送付は
必要ありません。** ☐

※ご記入いただいた個人情報は、刊行物、イベントなどのご案内のほか、
　お客さまサービスの向上やマーケティングのために個人を特定しない
　統計情報の形で利用させていただきます。

※ポプラ社の個人情報の取扱いについては、ポプラ社ホームページ
　（www.poplar.co.jp）内プライバシーポリシーをご確認ください。

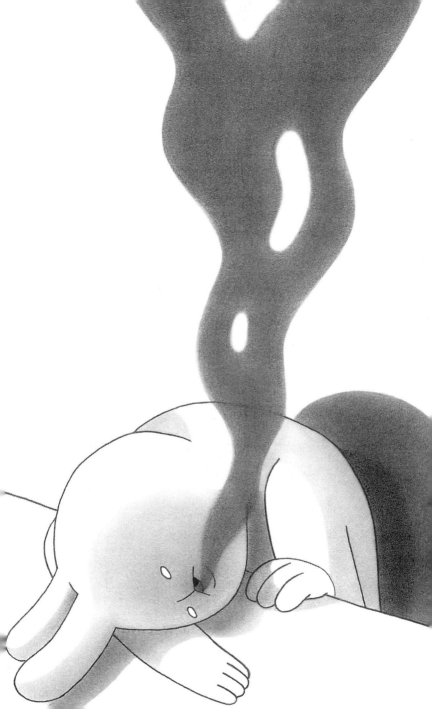

燃え尽き症候群

　夜遅くに帰宅し、明かりもつけずに暗い部屋でへたりこむ日がある。ありったけの力をふりしぼって家に向かい、帰り道がはるか遠く感じる日もある。空腹にも気づかず、シャワーを浴びるのも面倒だ。じっと座っていると、ふと明日もくり返される日常が心に浮かび、すでに疲れ果ててしまう。茹ですぎたほうれん草のようにぐったりとしたわたしは、バーンアウトしてしまったのだろうか。

　バーンアウト。自分を燃やし尽くしてしまった状態。バーンアウトは、「燃え尽き症候群」とも呼ばれる。
「ああ、自分は燃え尽きてしまったのか」と感じた瞬間を思い出してみよう。状況は人それぞれだろうが、いくつかの共通点

がある。何でもがんばれると思う活力がみなぎってきたかと思えば、すぐに何もしたくなくなる状態がくり返される。そして、実際にはそんな体力はないと知っていながら、どうにかして仕事を終わらせようと無理をしてしまう。無理やり力をしぼり出しても続けられない。自然と集中力が低下し、時には仕事を台無しにしてしまうこともある。

　自分の行動や結果にガッカリして、挽回したいと焦ることもあるだろう。思いどおりにできない自分が恨めしく無能に感じられ、落ち込んでしまう。そして憂うつな気持ちにどっぷりつかってしまうのだ。ギリギリに達したストレスと疲れが、わたしたちを無気力のどん底に引きずり込む。

　整理すると、燃え尽き症候群とは、自分がもっている物理的なエネルギーと自らをポジティブに捉える心理的なエネルギーがともに尽き果ててしまった状態といえるだろう。
　燃え尽きてしまう前、つまり「もう無理だ、何もできない」という気持ちがこみ上げる以前を振り返ってみよう。おそらく長い間、何度も黄色い信号が点滅していたはずだ。「耐えられない。休みたい。これ以上は限界だ。だれも知らない場所でひとりぼっちになりたい」と。突然とてつもない怒りが湧いてきたり、呼吸をするのもつらくなったりすることさえあったかもしれない。そんなあなたは、だれが見てもたんに愚痴をこぼしているのとは明らかに違う状態だっただろう。

わたしは燃え尽き症候群を経験したとき、こんな思いにかられた。「完璧に仕事をこなしたい」「すべてを投げ出して逃げたい」。そう、両極端な感情だ。もともときれい好きであるにもかかわらず、当時は、身の回りのものを整頓することすらできなかった。仕事の締め切りを恐れながらも、守れないこともときどきあった。いつもならありえない行動パターンばかり。今振り返れば、明らかに異常な信号だったのに、「仕事の量がちょっと多いせいだ」と考えていた。とにかく、何か不安でピリピリしていて、どん底に沈んでいるような状態だった。周りの人だけでなく、自分もそう感じていた。「旅行にでも行ったらどう？」「少し休むといいのでは？」「好きなことを続けるためには遊ぶのも大事だよ」とよくいわれた。でもわたしは「仕事をやりたいと心から望んでいるのに、なぜ休めというのか」と感じ、イライラしていた。自分にたいして「弱音を吐かずに働け」と鞭打っていた。もう限界だとわかっていたのに、気づかないふりをしながら。

　休みたいと思いながらも、休めない。それなのに、仕事に終わりが見えると、先手を打って別の仕事をつくり出し、自分に休むヒマを与えなかった。「仕事をするのが休むこと」といったこともある。いや、それどころか「仕事をするほうが休むよりも楽だ」と思っていたのだ。

　そんな中、突然、自分をコントロールするのが難しいと感じる瞬間が訪れた。大きな恐怖に襲われ、背筋が凍るような感覚。あわてて休息をとってみたが、まったく休むことができなかった。休み方を忘れてしまったのだ。もしかしたら、その時点ですで

に燃え尽きていたのかもしれない。

　仕事には、中毒性がある。与えられる課題と責任がはっきりしていて、何らかの報酬を手にできるから。他の社会活動に比べて達成感を得られる可能性が高く、一生懸命に働けば、よい人として周りに認めてもらえる。仕事に没頭する人が好ましいとする社会的な雰囲気も一因だろう。仕事中毒は、他の中毒（ギャンブル、アルコール、ゲーム）に比べても、寛容的に受け止められる傾向がある。「ワークライフバランス」を大切にする時代だが、仕事中毒であることを「すばらしい」「情熱的だ」と捉える人も多い。

「限界まで全力を尽くすのがベストだ」と考え、限界を超える負荷を自分にかけるのは、執着だ。燃え尽き症候群は、全力を尽くそうと執着していることに気づかずに過ごした結果ともいえる。結局、重要なのは自分の限界を知ること。自分の限界をはっきり把握するのは簡単ではない。さらに「全力を尽くすのがベスト」という考えと「執着」は、分けるのが難しいほど密接にからみあっている。このふたつを区別するためには、感受性、すなわち自分の感情を読み取る力を高めるといい。

　ほとんどの仕事は、規模や責任のレベル、難易度、同僚の有無や相手との相性のよし悪しなどの環境に影響を受けている。完全にひとりでできる仕事は存在しない。だから、よい成果を出せなかったとしても、自分の意志や努力、能力をあまり責め

ない方がいい。満足できない結果だったとしても、罪の意識を負わないで。重要なのは、よく遊び、よく休むこと。「休息」というと、数日間まったく仕事をしない、あるいは遠くに旅に出ると考える人も多い。でも休息は、時間やお金をかける特別なことではない。隙間時間に取ればいいのだ。日常のところどころに、ストレスのプレッシャーを和らげる小さな風穴をあけるように。

「そんな時間はもったいない。何もせずに時間を浪費するようで」という人もいる。予定をぎっしりつめこんだ日々に突然隙間をつくろうとすると、そう感じるかもしれない。

　しかし、浪費とは、無益なことにむなしく時間を使うことを指す。休息のための時間が浪費だと感じる人は、休むことは本当に無益なのか、深く考える必要があるだろう。

　自分ができる仕事を一生懸命やるのは楽しい。自己満足、自尊心、安定感など、わたしたちにとって大事な感情を満たしてくれる。ただし、「一生懸命に生きる」と宣言するなら、その言葉の前に「自分を大切にするやり方で」とつけ加えてほしい。仕事のために休むのではなく、休むために仕事をするのでもない。どちらも人生においてとても重要だ。だからいずれかに偏ると、心と体に異常信号が現れる。そうした信号に気づいたら、ふと立ち止まってみよう。そして、なぜ、どのようにバランスが崩れているのか、自分は何を望んでいるのか、できることは何か、考えてみよう。「一生懸命に生きること」だけでなく、「自分を大切にする方法とは何か」を。

忍び寄る出来事が不安なあなたへ

心　配

　わたしたちは、将来何が起きるかわからないときに「不安」を感じ、よくない状況になるのではないかと「心配」をする。このプロセスは、自分も知らないうちに一気に進む。では、この過程をわずかでも察知するにはどうすればよいのか。そのためには、心配する状況や中身について、できるだけ具体的につきとめてみるといい。自分を不安にさせる要素を見つめる間、管理者の役割をするもうひとりの自分が「これは大丈夫、あれは絶対にダメ！」と検閲するかもしれないが、「幼稚だから」「たいしたことないから」「わかりきったことだから」と避けずに、真摯に丁寧に調べていく姿勢が大切だ。

　そのようにして発見した「心配のもと」には、特定のパターンがあるはずだ。それは「心配の型」のようなものだ。心配の

型には、いつ起きるかわからないが必ずやってくるように思える出来事が入っている。つまり心配とは、「正確にはわからないが、きっと起きるような気がする悪いこと」のあれこれが入った詰め合わせのような感情だ。

　わたしもときどき、漠然とした不安がつのり、とても心配になることがある。心の状態がいいときは気に留めない。でも、激しいストレスを抱えている時期に心配が生じると、不安がひどくなり、さらに心配も大きくなる悪循環に簡単に陥ってしまう。
　振り返れば、実際は心配しなくていいはずなのに、なかなか気持ちをうまくコントロールできないこともあった。そんな中、ある日突然、心配を大きくする原因に気づいた。わたしは、自分が心配している姿を正当化できるように「心配の妥当性」を証明してくれる理由を集めていたのだ。心配する必要がないとしめす要素は無視し、心配する状態を維持する根拠ばかりを探していた。このように自分の信念に合った情報だけを受け入れることを『**確証バイアス (confirmation bias)**』と呼ぶ。確証バイアスが働くと、心配ごとがまるで事実のように感じられ、「やはりわたしの考えが正しかった。わたしの心配は正当だ」と信じるようになることもある。その状態自体が自分に悪い影響を与えているとしても。

　心が苦しくなるほどではない心配は、あまり気にしなくても大丈夫。でも、心配が一定のレベルを超えて他のことにも支障をきたし、頭が痛い、心臓がバクバクする、胃がムカムカする

など、身体に症状が現れるのは問題だ。心配が勝手に膨らんでしまうとき、わたしは「自分は今、心配が大きくなっているからつらいんだ」と考える。

　解決しようとがんばらないし、解決しようという気持ちもない。ただ「そうなんだ」と心の中でいうだけ。そしてすぐに「起きていないことについて考えないようにしよう」と心配を打ち消す。もちろんなかなかうまくはいかないが、心配しないように努力する。心と筋肉の緊張が完全に消えることはないけれど、適度にリラックスできるまでくり返す。

「心配の型」を把握すれば、「心配になる理由」がわかる。「いつも心配ばかりしていて、心がピリピリしています」という人も、日常をじっと見つめれば、実際はつねに心配しているわけではない。日常生活で心配に襲われるケースを集め、共通する要素を見つけ出せば、「心配の型」を描き出せるだろう。一度にできることではなく、「後でやろう。また今度にしよう」と先延ばしすると、宿題のようにめんどうになってしまう。毎日、自分の心配ごとをわざわざ見つけ出す必要はない。でも、心配でたまらなくつらくなったときには、「自分が心配になる理由」について考えてみるといい。

　ネガティブな考えをくり返すたびに、心配はだんだん膨らんでいく。あっという間に心配が心配を呼び、わたしたちの心は、ものすごいスピードでそれに追いつこうとする。感情について

いくだけでも大変なのに、気合を入れて加速を止めるのは簡単ではない。だから、心配を引き起こす原因を見つけると同時に、ネガティブな思考パターンを「ポジティブな方向」に変えてみるといい。たとえば、こんな感じに。

例
Aを選べないし、Bを選ぶこともできない
→Aを選べるしBも選べる

応用
仕事を辞めることもできないし、続けることもできない
→仕事を辞めることもできるし、続けることもできる

「できない」から「できる」に少し変えただけで、感じが大きく異なるのがわかるだろう。ネガティブ思考だと、窓のない部屋に閉じ込められたような窮屈で重い感じがするけれど、ポジティブ思考になれば、広い公園に立っているように開放的でさわやかな感じがする。前者から後者へと考えを変えるだけで、何も選べないという絶望から脱し、何でも選べる「主体的な自律性」を感じることができるのだ。

間違えてはいけない！→間違えることだってあるだろう
失敗したらどうしよう？→失敗することだってあるだ

ろう
うまくいかなかったらどうしよう？→うまくいかない
ことだってあるだろう

　このように、すでに心配していることにたいして軽いアプローチをとってみるのもいい。「心配すべきことなのに、あまりにも軽視しているのでは？」と思う人もいるかもしれない。しかし、わたしが伝えたいのは、「ある出来事や状況を軽く考えたほうがいい」ということではなく、「過度に心配して気持ちが重くなるのを予防するほうがいい」ということだ。そうすれば、心配ごとが生じたときに感情と少し距離を置いて、何ができるか考える余裕ができるから。

　同じ条件のもとでも、ある人は希望を、ある人は絶望を見る。なぜだろう。状況を見る目、つまり思考が異なるからだ。同じ状況でも思考、つまり認知する方法を少し変えるだけで、感情の意味も変化する。自分を変えるのは難しくない。考え方を変えて、それを実行するだけ。適切なタイミングなどは特にない。こうして心配ごとについて語り合っている今この瞬間、ふと心に浮かぶ心配があるとすれば、そこから心の探求を始めてみよう。

自分の感情から逃げ出したいあなたへ

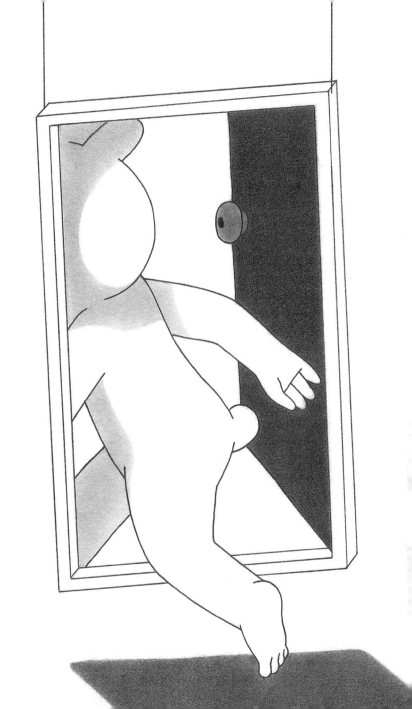

回　避

わたしたちは、しばしば自分の感情に無責任になる。恐れ、怒り、羞恥心、罪悪感、嫌悪、悲しみといった、避けたくなる感情であればなおさらだ。しかし、自分の感情にたいする責任から自由になることはできない。それにもかかわらず、責任から逃げる。それが「回避」だ。「回避」は「無視」と何が違うのだろうか？　「無視」は感情を否定し、「回避」よりももう少し積極的に自分を放置することを指す。知っているのに見えないふりをするか（回避）、まったく見ようとさえしないか（無視）。ふたつには、このような違いがある。

　恐れを感じる状況を仮定してみよう。「ぜんぜん恐くない。大丈夫！」と「無視」することもできる。あるいはどうしてい

いのかわからず「回避」し、苦しむこともあるだろう。でも、どちらにせよ、自分にとってよりよい選択をすることは可能だ。重い感情で膨らんだ自分から抜け出すのは簡単ではないかもしれないが、自分の感情と距離を置こうとすればするほど、何度も振り返り、自分を救う術を探すようになる。自分の心を見捨てることはできない。だから、認めたくない感情を回避しようとしながらも、責任をもって向き合おうとするのだ。わたしたちの心は、このような矛盾を抱えている。これを「希望」と呼ぶこともできるだろう。

　例をひとつ挙げてみよう。ある子どもが間違えてお皿を割ってしまった。バレたらきっと怒られるから、割れた皿を家の隅に隠した。だれも気づいていないのに、子どもはずっとハラハラしていた。「だれかに見つかってしまったかも？」と、家族の行動ひとつひとつが気になった。ついにだれかが「ここに割れた皿がある！」と叫ぶ。子どもは一瞬ドキッとして目の前が真っ暗になるけれど、同時に心の隅がすっきりする。叱られることを恐れながらも、見つかってしまうとむしろラクなのだ。逃げ去りたい感情にたいするわたしたちの態度は、この子どもと同じではないだろうか。自分の感情に責任をもって向き合うときの気持ちも、同様だと思う。

自分を失ってしまったあなたへ

気持ちを見失う

　生計を維持するための日々にへとへとになる。それは、自分が生活の道具になってしまったことを意味している。仕事以外の「自分」は少しずつ蒸発して消え、最後に残るのは「状況」だけ。生活が自分の一部であるべきなのに、気がつけば自分が生活の一部になってしまっているのだ。しかし、そんな奇妙な感覚に陥ったとしても、日々は変わらず続く。自分がいるべき場所に自分がいないと想像しても、違和感はない。むしろ、自分がその場所に無理やり割り込んでいたのではないかという気さえする。

　自分でなくてもよかった仕事を、自分でなければダメだと思っていたのだろう。では、自分がいなくても大丈夫だと確認し

たのなら、自分はどこにいるべきなのか。その仕事が自分のすべてだったとすれば？　こう考える時点で、あなたは感情ではなく、理性のみに導かれているのかもしれない。先の見えない、果てしない気持ちに包まれたあなたは、確信というものを見失ってしまったのかもしれない。

心が刃<ruby>刃<rt>やいば</rt></ruby>のように鋭くなったあなたへ

敏　感

　ふだんまったく気にかけなかったことに、突然イライラが爆発することがある。たいしたことではないのに、まるでずっと心に引っかかっていたかのように。目に入るものすべてに怒りがこみ上げ、息をすることにさえイラついている自分に気づく。神経がピリピリして、ささいな刺激にも自分でもあきれるほど敏感に反応し、その結果、体も心もへとへとになる。だんだん、すべてが消えてしまえばいいと思うようになってしまうかもしれない。

　心と体はつながっている。体が苦しいときは心もつらく、逆も同じだ。だから、心をいたわるためには、体のケアが大切だ。みなさんはおそらく「そんなことわかっています」というだろう。

おっしゃる通りだ。では、だれもが知っていることなのに、なぜわたしは体のケアについて話そうとするのか。それは、あたりまえだとわかっていながら、あたりまえの行動をしていないから。体のケアといえば、まず運動が思い浮かぶだろう。もちろん、「運動する体」も重要だ。でも、わたしが語りたい「体」とは、「生存する体」のことだ。

　鋭敏な心の状態は、イライラや無関心を引き起こす。他人はもちろん、自分にたいしてもムカつき、好きなことや趣味にも関心を失ってしまう。もしこんな状態だったら、日常をチェックしてみるといい。食事、睡眠、休息。わたしはこれを「生存の3要素」と呼んでいる。自分が過敏な状態だと感じるときには、ためらうことなくすぐにこの3つの要素をチェックしてみてほしい。

　心や体に深刻な問題が起きているなら、以前からこの3要素のうちひとつ以上にトラブルが生じていたはず。しかし、わたしたちはそれを無視してしまいがちだ。トラブルに気づきながらも、ぎりぎりまで放っておくこともある。なぜこんな話をするかというと、じつはわたしもそうだったから。特に、休息が生存に必要な要素だなんて思っていなかった。むしろ、創作活動をするためには、センシティブなほうがいいと考えていた。だれもが心配するほど心と体のコンディションが悪化していたのに、自分だけが気づいていなかったのだ。そのような状態だったから、回復にはかなりの時間がかかった。食事、睡眠、休息が大事だとやっと気づいたのは、その後のことだ。もちろん、

最近でも休息を取るのを後回しにしたり、睡眠を削って仕事をしたりすることもある。でも、かつてのように無茶苦茶に自分を酷使することはなくなった。自分の体を軽んじた代償があまりにも大きかったから。

食事が乱れ、睡眠が不規則になると、心もボロボロになる。特に睡眠に問題があると、不安や憂うつが大きくなる。そして、今度はその感情が睡眠に悪い影響を与える。つまり、心が過敏になって、ストレスに弱くなる悪循環に陥ってしまうのだ。

心をケアするためには、体の健康が大切だ。とはいえ、つねに最高の状態をキープしなければいけないというわけではない。よく食べ、よく寝て、よく休む。そうすれば、とがった心がだんだん丸くなる。シンプルにケアするだけで、荒れた心は穏やかになる。前と同じぐらいのストレスを受けても、体が耐えられるようになれば、心も十分にもちこたえることができるだろう。

敏感になっていると、ささいな刺激が大きく膨らみ、不安におびえるようになってしまう。つまり、未解決の問題で人生がぐちゃぐちゃになっているように感じていることが、実際はそうではないというわけだ。うまく自分でコントロールすれば、敏感であることを別のパワーとして生かすことができる。コントロールする力は、自分をどれだけ上手にケアするかによって変化する。

体と心が回復した時期、わたしはピリピリした心をなだめる

ためにさまざまな方法にトライした。その中で、今でも続けている3つを紹介しよう。

自分を整えるための3つの方法
―睡眠、運動、リラクゼーション

●睡眠

　食事や休息よりもはるかに重要なのが睡眠だ。もし、なかなか眠れないのであれば、目を閉じているだけでもいい。何かを見たり聞いたりせず、アイマスクをして目を休ませてみよう。それだけでも、他のことをしながら眠くなるのを待つより、ずっといい。

●運動

　運動は、不安や憂うつな気持ちをぐっと軽くする。激しすぎず適度に続けられる計画を立ててみよう。わたしは散歩をしている。少なくとも一日5000歩、多いときは4万歩。心の癒しを超えて活力を生み出す方法として、散歩が一番おすすめだ。

●リラクゼーション

1. 筋肉の緊張をほぐす

　首と背中をリラックスさせてソファーなどに寄りかかり、目を閉じる→手の指先と足のつま先から力が抜けていくのを感じながら、ゆっくりと全身の力を抜く。

2．深呼吸する

　目を閉じる→肋骨がめいっぱい開くまでゆっくりと息を吸う→お腹の肉をおへそに集めるようにゆっくり息を吐く。

　ひたすら呼吸にだけ集中する。雑念に邪魔されても払おうとせずに、さりげなく受け流す。

3．自分の体に集中する

　さまざまな種類の自然の音、呼吸の音、鉛筆で文字を書く音などを、まるで音楽のように楽しむ。肌に触れる風、目の前に広がる景色などを感じながら、今、自分の体で起きていることに集中してみるといい。

NOといえないあなたへ

依 存

　たとえば、他人の頼みを断らない人、いつも他人を助ける人、嫌な仕事も率先してやろうとする人、相手の言葉を何でも受け入れてあげる人……。こんなふうに並べると、いい人のように思えるのではないだろうか。では、当事者はどうだろう。「皆がわたしを必要としている」「わたしがいなければ、うまくいかないだろう」と自己満足を感じているかもしれない。しかし同時に、「じつはやりたくないけど、必死に頼まれたので仕方ない」「正直、負担だけれど、自分以外にやりたがる人はいないだろう」と思っているのかもしれない。

　相手にどう思われているかに重きをおく人もいる。いい人、有能な人に見られたいと願い、他者の気持ちに合わせようと心

を配る。その結果、自分の意見をいえず、相手の指示に従うことになる。もし、ひどいことをされたり、無理なことを求められたりしても、たいていのことには順応しようとする。他人の期待に応えようとして、結果がよくないときは「力不足だった」とすぐに自分を責めてしまう。意見をいえず、他人の要求に応じてばかりいるので、「あれもよい」「これもよい」とブレまくり、自分の軸がなくなる。「これは違う」と思いつつ、相手に振り回されてしまうのだ。あなたが、もしこの話に共感するのなら、自分に次のように問いかけてみてほしい。

●わたしがだれかの望むことを断ったり異なる意見をいったりしたら、相手はどう反応するだろうか？
●わたしが否定的な反応をしたら、その人との関係はどうなるだろうか？
●その人の反応が否定的だったら、わたしはどんな気持ちになるだろうか？
●その人との関係が変化することについて、わたしは具体的に何を心配しているのだろうか？
●心配していた通りになったら、わたしはどんな気持ちになるだろうか？

　依存心が強い人は、これらの問いにたいして次のように考えるだろう。「断ったら相手はガッカリして、わたしのことを嫌いになるかもしれない。関係が壊れてしまうのではないか」。こんな思いをめぐらせるうちに、「相手の望み通りにしないと、わた

しは捨てられるかもしれない」と恐れるようになる。相手に意見をしっかり伝えられない理由は、見捨てられるのが怖いから。でも相手に合わせたとしても、その人と考えが同じになるわけではない。わたしたちは皆、自分だけの声をもっている。依存した関係の場合、どちらかが自分の声を抑えつけているのだ。

じつは、片方が損をしているように見える関係だとしても、それが続くのには理由がある。一見、相手に合わせているだけのように思える人も、得るものがあるからだ。まず、責任からの解放を手にできる。相手の望みを受け入れることで、決断にたいする責任も相手に求めることが可能だ。また、責任から解放されることによって、守られているという安心感を得られる。結果を出すまでに背負うプレッシャーも軽くなる。相手は、自分に合わせてくれた人のサポートで望みを叶え、合わせてあげた人はその過程で心地よさや守られているという気持ちを得ることができるのだ。

左ページの質問を何度もくり返すうちに、答えはいつも同じではないことに気づくだろう。問うことで考えるようになり、考えることで自然と自分だけの問いが生まれてくる。これが「感情と向き合う」というプロセスだ。

感情が生まれる → 感情について考える → 考えが行動に影響を与える

わたしたちは考えて行動する。だから、ある感情が生じたときは、その理由や目的など、感情に伴う「考え」をじっくり観察してみよう。逆にいえば、考えが変われば行動が変化し、それによって感情も変わる。だからこそ、具体的に問いかけ、感情の裏にある「考え」をしっかり取り出すことが重要なのだ。

　だれかに依存しすぎてつらくなったときには、家族や恋人、友人など、自分を受け入れ理解してくれる人の前で自分の意見をいう練習をしてみるといい。「わたしは何でもいい。あなたの望む通りにやってみて」と口にするのをやめるのだ。苦しくて負担が重いにもかかわらず受け入れていた頼みごとを、「こういう理由があって、聞き入れるのが難しい」と断ってみるのもいいだろう。心をサポートしてくれる人の前で、自分の気持ちを声に出してみよう。そうすることで、自分が思う通りに行動しても、人間関係は壊れないとわかるはずだから。
「自分の意見をいっても大丈夫」「相手と違う考えを主張しても、いつもぶつかるわけではない」「考えがぶつかり合っても、人間関係が壊れるわけではない」と感じられるようになれば、自分で声をあげる力が生まれている証拠だ。少しずつ努力すれば、他人に依存ばかりしていた自分から抜け出し、自らの足でしっかり立つことができる。わたしはそう考えている。

真実を信じられなくなってしまったあなたへ

疑 心

　自分を信じるのが難しくなるときがある。それどころか、自分に疑心を抱くこともある。疑心はたいてい不安を伴う。そのため、他人に依存してしまうことがある。他人を信頼することで、自分の不安を和らげようとするわけだ。しかし、自分を信じられないからといって、他人や周りの環境をすべて信頼するかというと、そういうわけでもない。自分よりは少し信頼できる対象、あくまで「信頼できなくなった自分自身」の代替品にすぎないのだ。

「アタッチメント理論」は、イギリスの精神分析学者であり精神科医のジョン・ボウルビィ（John Bowlby）が提唱した概念だ。「アタッチメント理論」とは、幼い頃の親と子の相互関係、つまり

アタッチメント（愛着）が個人の心の発達にとても重要な役割を果たすというもの。実際に、親と離れて育った子どもたちを観察すると、幼い頃に主に育ててくれた人との交流や経験が、成人してからの社会生活に大きな影響をおよぼすことがわかっている。

　また、ジョン・ボウルビィの弟子であるメアリー・エインスワース（Mary Dinsmore Salter Ainsworth）は、ボウルビィの理論を客観的な実験を通して発展させ、アタッチメントを「安定型」と「回避型」（不安定型）、「両価型」（不安定型）と「無秩序型」（不安定型）に分類した。その後、多くの学者たちがアタッチメントをさまざまなタイプに分けている。

　わたしたちは幼い頃、挑戦と試行錯誤をくり返しながら、生きるために必要なスキルを学んでいく。他の人とのかかわりは、その過程で、自己信頼感に大きな影響を与える。中でも重要なのは、何かのスキルを習得したときに褒められ認められることと、失敗したときに慰められ応援されて次に期待をつなげられる心のサポートを受けること。このような経験によって、わたしたちは「愛される価値がある存在だ」「やりとげることができる存在である」と自分を定義できるようになる。それが自分の存在にたいする強い信念を形づくるベースになるのだ。また、他人や世界への信頼も深くなり、「世界は安全な場所だ」「わたしたちはおたがいに助け合う関係だ」「人は信頼できる存在だ」と考えるようになる。

もし、このような経験が不足したまま大人になると、他人や世界を簡単には信じられなくなるだろう。また、自分の存在が揺れ動いているような不安を、しばしば感じるかもしれない。アタッチメント理論によると、感情的なサポートをたっぷり受けた人は安定型アタッチメントを、そうでない人は不安定型アタッチメントを経験したことになる。安定型アタッチメントが形成されるためには、「安定した関係」が一番大切だ。物質的な条件が劣悪だったとしても、自分ともっとも近い人との関係が安定していれば、大きな問題は生じない。一方、養育者が不在だったり、養育者との関係が不安定だったりすると、不安定型アタッチメントが形成される。

　挫折した後に、心のサポートをたっぷり受けることができなかったり、強く非難されたり、放置されたりすると、疑心が膨らむ。疑う気持ちは、そうした経験の「大きさ、強さ」よりも、「回数」に影響を受ける。長い時を経て、疑う心は非常に堅固になる。何かを試み続けて失敗した最初の段階でサポートされたり受け入れたりされなかった場合、失敗によってネガティブな経験をする可能性がずっと高い。

　疑う心が少しずつ形成されるのと同じように、自分を信じられるようになるにも時間が必要だ。大切なのは、日常で小さな成功を経験すること。「日々の生活の中で、自分が幸せになれる成功を得るためにはどうすべきか」「成功の頻度を高めるためにはどうしたらいいのか」など、考えてみるといい。小さな

成功は、自分を支えてくれる。つまり、自分という味方ができるのだ。ごくささいな成功が、自分にたいする信頼感をもたらす。「信頼感」は行動を通じて成功体験を実感したときに生まれる。「信じたい」という漠然とした願望は、何にもつながらない。大切なのは「わたしだってこれくらいはできる」という感覚。そんな感覚を得られる小さな成功をたくさん探してみよう。

*p246／エインスワースは、生後12〜18か月の子どもに母親と分離して再会させるというストレスを与え、実験結果を以下の4つの形に分類した。安定型：再会時に子どもは機嫌よく母親に近づき、安心する。回避型（不安定型）：母親が部屋に戻ってきたときに相互作用を回避、あるいは無視する。両価型（不安定型）：母親が戻ってきたときに抵抗を示す。身体接触を求めることもあるが基本的に活動は受動的。無秩序型（不安定型）：3つの型に当てはまらず、矛盾した行動をしめす。たとえば母親に近づくことはあっても、目を向けようとしないなど。

追われるように生きるあなたへ

焦燥感

　突然、厳しい目標が与えられることがある。たとえば、決められた時間内にはとうてい終えることができない仕事のように。それでも、わたしたちは早く終わらせてよい結果を出そうとする。このような状況では、仕事をしっかり続ける力を保つのが難しい。さらに、目標が達成できないせいで、周りからの不満や苦情にずっと追われるハメになる。「どうか、この時間が早く過ぎ去りますように。この仕事さえ終えることができれば、何の問題もないのに」という思いがこみ上げてくる。

　「できなかったらどうしよう？」という焦りと「早くやらなきゃ！」とせっかちに急ぐこと。このふたつの違いは何だろう。「焦り」とは、可能性を疑うことで生まれる不安だ。つまり、「仕事を終

えられないかもしれない」など心配するために生まれる不安。一方「せっかち」とは、忍耐がなく、仕事を急いで進めようとする気持ちのことだ。無理やり達成したいと欲を出すとせっかちになる。不安が大きければ焦り、欲望が大きければせっかちになるといえるだろう。焦燥感を説明しながらせっかちについても書いているのは、このふたつはたいてい同時に起きるからだ。

　好奇心、自己にたいする信頼、しっかりとした回復力が人生の原動力である一方、失敗もエネルギーに変えることができる。仕事がうまくいかなくても、自分に失望しても、すぐに振り払って立ち上がることは可能だ。しかし、不安、恐怖、自己嫌悪、羞恥心などのネガティブな感情だけを人生の原動力にするのは、たやすいことではない。失敗をエネルギーにするのではなく、タブー視することが多いからだ。だから、失敗しないように努力する。「できなかったらどうしよう？」という焦りを別の言葉で表現するなら、「やってのけなきゃ」となるだろう。締め切りより前に仕上げて、任されたもの以上の量をこなし、おいてきぼりにならないようにさまざまなスキルを習得して忙しく過ごす自分に、「一生懸命生きている」と安堵する。しかし、たちまち不安や焦りという負の感情のループに陥ってしまう可能性がある。

　生きていると、時にすごく大変なこともある。人間関係や仕事。「大変だ」と口に出せるのなら、まだそれに対応する力が残っている証拠だ。苦境を乗り越え、問題解決能力を高めるチャンス

と捉えることもできるだろう。しかし、「つらい」のであれば、まったく別の問題だ。「つらい」と感じるのは、自分自身を消耗させているということ。だから、焦りのせいで人生がつらいのなら、また別の姿勢で自分を見つめ直さなければならない。本能的に、わたしたちの心は「ああ大変だ」というときと、「ああつらい」というときの違いを知っている。ただ、自分では気づかないことが多いだけだ。

　仕事の結果だけに目を向ければ、未来のことばかり考えるようになる。でも、わたしたちが生きているのは、今この瞬間だ。人生においてもっとも重要なのは、現在の時間。不確実な未来のために、確実に楽しめるはずの今日を焦りながら過ごし、それを振り返ってまた焦るのは、何の役にも立たない。未来と今の境界があいまいになると、焦りが生じる。自分の位置と、やるべきこともぼやけてしまう。だから「今日は今日、明日は明日」とはっきり区別したほうがいい。未来ではなく、今自分に起きていることをしっかり見つめて、できることをやり、どんな結果であろうと受け入れる。心があるべき場所と、自分が行うべきことをはっきりさせるのは、焦りや不安をコントロールするための第一歩だ。

相手へ送った気持ちと同じものを
受け取れていないあなたへ

哀 れ

「哀れ」とは、対象をかわいそうだと思う気持ちだ。これは、対象に寄りそう気持ちがベースとなっている。一方、対象との関係において失望や痛みを経験したときにも自分を哀れに思ったり、悲しんだりすることがある。自分を哀れだと感じると、相手にたいして悔しい気持ちがわき、悔しさが大きくなると、自分を被害者だと誤解するようになる。すると、怒りの感情が加わり、対象を物理的、感情的に攻撃する確率が高くなる。

　このプロセスは突然起こるが、一度生じた感情はなかなか消えることはない。だから、自分が哀れだと感じたら、その感情にひたることなく、自分をしっかり見つめてみよう。自分が相手から受け取っていない気持ちとは何かを考えながら。

以下の**Aグループ**と**Bグループ**は、同じ状況を前提にしている。それぞれ相手にどんな言葉をかけているか、見てみよう。

Aグループ
わたしは、あなたにすごくよくしてきたのに。
わたしは、あなたのせいで、一生懸命生きてきたのに。
わたしは、あなたのために嫌いなことまでやったのに。

Bグループ
わたしは、あなたと一緒にいるのが好きだからよくしてきたんだ。
わたしは、あなたが好きだから我慢できた。
わたしは、あなたが好きだから嫌いなこともできたんだ。

同じ状況であるにもかかわらず、2つのグループのリアクションは大きく異なっている。**Aグループ**は深い失望を感じているのにたいし、**Bグループ**は冷静だ。**Aグループ**のすべての台詞は、最後に「どうしてわたしにこんなひどいことができるの！」という言葉を足しても、まったく違和感がない。

Aグループは、相手を通して心の価値を決めている。自分が満足できる反応が相手から返ってこないため、気持ちを理解してもらえていないと感じ、さらに「わたしを無視した」と相手のリアクションをゆがめて捉えているようにも思える。では、**Bグループ**は、**Aグループ**とどこが違うのか。両方のグループ

の言葉を、もう一度注意深く読んでみてほしい。状況の主体はだれなのか。自分は何を伝えたいのか。**Aグループ**は、自分がやったことはすべて「相手のせい」あるいは「相手のため」だという。では、**Bグループ**はどうだろう。すべての状況は「自分」が選択したものだという。**Bグループ**は心の価値を自分で決めている。気持ちを伝えながら、相手のリアクションを基準にして自分の心の価値を評価してはいないのだ。つまり、主体的で独立した姿勢を貫いているといえる。

　相手がいかに自分を愛し、親切にし、配慮しているのか。心の内はわからない。それにもかかわらず、相手の気持ちを考えず、自分と同じだろうと勝手に推測してしまうことが多い。自分の心を伝えてそれ以上のものを返してもらいたいと願い、結局、期待に応えてくれない相手に失望してつらくなる。わたしたちは、本当は傷つく必要がないのに、そんなふうに傷ついてしまうのだ。

　相手を理解せずに期待するのは、暴力にもなりうる。「わたしはこんなにあなたを愛しているのに、どうしてあなたはそんなことができるの？」という人がいる。この言葉の真意は「あなたはわたしにそんなことはできない、してはいけない」だろう。一生懸命に努力すれば、いつか相手に恩を返してもらえると信じているからだ。しかし、相手に何かをしてあげたとしても、自分が期待する対価をもらえる保証はない。また、対価を受けとれなかった事実が、相手を非難する根拠になるわけでもない。自分は自分のやり方で、相手は相手のやり方で気持ちを表現する。

前もって相手の感情や取るべき態度を決めつけて、それができているかどうかで評価するのは問題だ。

それは、他人の心を勝手にコントロールしようとする欲望の表れだから。親しい関係であればあるほど、相手に対価を求める傾向があるため、こんなふうになりがちだ。しかし、気持ちを伝えたときには、必ず対価を得るべきなのだろうか。だとすれば、いつ、どのように得るべきなのか。だれが判断するのか。対価の基準とは？

愛は条件でも方法でもなく、理解することだ。恋愛だけでなく、自分と他者との間のさまざまな形の愛も含めて。理解とは、自分の望みや信念が他者とは異なることを認め、自分が正しくてあなたが間違っているという考えから抜け出すことが第一歩。他者のやり方を自分の基準に当てはめようとして誤解するパターンから脱却するのだ。

もし、自分が何かをしたときに他者や社会が必ず応えてくれると思い、反応に納得できず苦しむのなら、自己愛が強すぎるのかもしれない。自分を哀れに思うことに端を発する感情が続くと、ナルシストになる可能性もある。もちろん、極端なケースではあるが。

これまでの説明をもとに、自分にこう問いかけてみよう。

●わたしが愛するなら、相手もわたしを愛さなければ

ならないのか？
●わたしが親切にするなら、相手もわたしに親切でな
　ければならないのか？
●わたしが努力すれば、必ず成果が得られるのか？

　この質問の意図が何か、あなたはきっと理解していることだ
ろう。自分の期待と相手の反応は一致させるのが難しく、一致
させる必要もない。それでも納得できないなら、こう自分にた
ずねてみるといい。「『わたしがだれかを愛するなら、相手もわ
たしを愛さなければならない』という思いは真理なのか。わた
しがそう信じているだけなのか」。
　日々の暮らしの中で自分の信念とは違う結果やリアクション
に直面したときには、自分の心と丁寧に向き合ってほしい。そ
うすれば、新しい事実、つまり「自分を哀れに思う心」にとら
われて気づかなかった自分の欲望を見つけることができるから。

心がぐらつくあなたへ

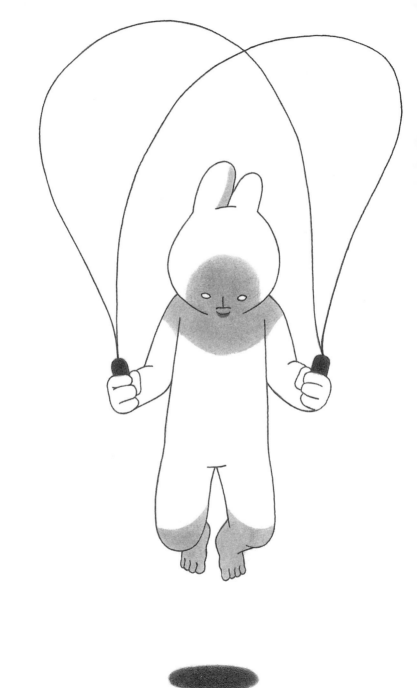

感情の起伏

　好きになったり、嫌いになったり、わくわくしたり、落ちこんだり。感情がころころ変わると、自分はどこかおかしいのではと心配になる。でも他の人に聞いてみると、「自分も同じだよ。すぐに気分が変わるんだ」という。他人の感情の浮き沈みが激しいのは性格の一部のように思えるが、自分がそうだと何か問題があるように感じてしまう。

　情緒が不安定になると、感情の起伏が激しくなる。自分ではどうすることもできないと感じると、心の支えとなる場を探すようになる。時にはだれかにすがるように助けを求め、不安が大きく膨らむと、怒りや悲しみ、苦しみを相手に向かって一方的にぶちまける。それなのに、少し落ち着くと、自分が取った

行動を省みて罪悪感にさいなまれたり、「ちゃんと気にかけてくれなかった」と相手を責めたり。心が張りつめて小さな刺激にさえも感情を爆発させる自分に、相手も合わせてほしいと願う。

　でも、相手がどんな言葉をかけてどんな態度を示したとしても、その欲求が満たされることはない。自分が落ち着くまで、ひたすら感情をぶつけ続ける。これがくり返されると、そばにいる相手はどんどん疲弊してしまう。そして結局、自分自身も苦しくなる。相手や環境を恨みながら、他人を傷つけてしまう自分を恨むのだ。

　さらにピリピリして、刺激に激しく反応するようになる。自らを追い込み、人間関係がつらくなる。周りの人との間に距離を感じ、孤独に陥ることもしばしばだ。このような状況になると、自分の気持ちを認めて適切なサポートを求めるのは、すごく難しいかもしれない。むしろ、自分の性格はおかしいと決めつけて、他の人たちとの関係を自ら断ってしまうケースさえある。

　感情の波が激しくなると、「なぜこんなにも気分が大きくアップダウンするのだろう」と考え込んでしまいがちだ。でも問題は、気分の波の大きさではないとわたしは思う。鍵となるのは、ふたつ、あるいはそれ以上の感情のはざまに存在する自分自身を捉え、認識することだ。一歩引いたところから、乱れてころころと変化する心を観察する努力をしてみよう。

　つまり、自分を「感情を抱くわたし」と「感情を観察するわたし」に分けるのだ。もしちょっと難しければ、「自責」を取り上げる中で紹介した「自己客観化」(58ページ) についての説明を

読んでみるといい。

　状況をコントロールできなくなると、わたしたちはとても不安になる。ここで大切なのは、実際に問題を解決できるか否かよりも、「自分はこの問題を解決できる」という信念があるかどうかだ。わたしたちはしばしば、状況をコントロールしたいという思いを、まるで対象や状況を自分の思い通りにできる力だと誤解する。すると、コントロール不能な部分を見つけるたびに、極度なストレスを感じるようになる。いつ、どこで不測の事態が起きるかわからないため、不安も膨らむ。強迫観念など、さまざまな神経症に陥る可能性が一気に大きくなる。

　ここでいう「コントロール力」とは、自分自身にたいする信念を指す。つまり、いかなる状況が起きても適応したり、対応できるという信念だ。そして「コントロール力が高い」とは、自分にたいする主導権をいつも握っているという意味だ。予想外の出来事にも振り回されず、何が起きようとも自ら対処する。
　こうした態度であれば、「今自分の感情はとても高ぶっている」という事実をまっすぐ見つめることができ、感情に飲み込まれることはない。つらくても耐えられるのだ。心が落ち着いているときに、こう考えてみるのはどうだろう。「自分はどんな状況のときに感情の浮き沈みが激しくなるのか」「気持ちが安定しているのはどんなときか」「なぜ特定の状況におかれるとつらく感じるのか」「また同じような状況になったら、どんな方法を試してみるべきか」。問題を知って考えるのと、知らずに考えるの

では大違いだ。ただ苦しむのではなく、自分自身について探求してみよう。

　わたしたちは心の違和感を「問題」として認識し、解決したいと考える。ところが、解決するための方法は、まるで外国語で書かれた古典のように難解に感じることが多い。だから、違和感を心の中に押し込めたり、知らんふりをして逃げてしまったりする。しかしどうあがいても、わたしたちはすべての感情の舞台は「わたしの心」であると知っている。だから苦しみ、永遠に解放されたいと夢見るのだ。思い通りにならず、もどかしく感じるかもしれない。何度も逃げ出したくなるかもしれない。
　でも、自分の心から離れることはできない。感情の起伏について語っても、起伏の幅は狭くならない。効果のある心理療法について知ったとしても、気持ちが急に楽になることはない。むしろ、心理療法を知らないほうが「できることは何もない」と納得できるかもしれない。
　だけど、すでに自分の心に波があると気づいているのなら、そして解決に結びつきそうないくつかの方法を見つけたのなら、トライしてみるべきだ。「わたしの中の苦しい思いをしている自分」のために。そうすれば、他者にサポートを求めるのではなく、自分を支える方法を見つけることができるかもしれない。

生き方の案内書

不安から生まれる黒い感情

3rd PATHで出合った感情たちをもう少し知りたい方は
こちらへどうぞ。

「燃え尽き症候群」208p 💨 💨 💨 💨 「憐憫」354p

「燃え尽き症候群」は、自分自身を大切にすべきタイミングを
逃した後にやってくる。数え切れないほどの警告を無視して猛
スピードで車を運転すれば、ガードレールにぶつかってスリッ
プし、ぺちゃんこになってしまうように。めちゃめちゃになっ
た状況から回復するのに必要なのは、「憐れみ」だ。自分を憐
れむ感情は、すべてを自らの回復に捧げるように導く。あなた
をどんどん追い込んでいた自分と、ぎゅっと抱きしめてくれる
自分。両者を比較してみるのもいいだろう。

「回避」222ｐ 🐾🐾🐾 「直面」358ｐ

自分の気持ちや感情から逃げないためには、どうすればいいのか。まず、逃げている事実に気づく必要がある。そして、逃げる足を止めるのだ。「回避」について読みながら、自分の心に存在する不快な感情を見つけたのであれば、逃げる自分を見ないふりをしていたと気づくはず。「直面」についてのページでは、回避する心を、さらに詳しく見つめることになるだろう。

「感情の起伏」263p 「自覚」176p

「自分の心は自分でもわからない」という。「わからない」という言葉を構成する心はとても細分化されていながら、固くからみあっている。まるでひとつのかたまりのように。「わからない」とくり返し口にして、そのままにしておくのはよくない。何の解決にもならないし、心が穏やかになることもない。わからないならもう一度よく見て、それでもわからないなら何度も見つめてみよう。「自覚」についてのページで、自分の感情と他人の感情を区別する練習をしてみよう。きっと、固まった心を解きほぐすのに役立つはずだから。

4th PATH

憂うつがもたらす黒い感情

悲しい

孤独

むなしい

寂しい

自己嫌悪

哀悼

無感情

泣けないあなたへ

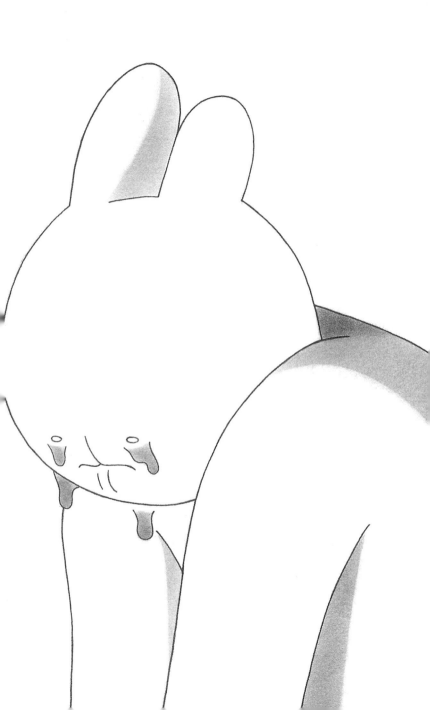

悲しい

　娯楽がいたるところにあふれている今、軽く、短く楽しむ時代に、小さな悲しみを感じることは少なくなったように思える。現実よりも、映画やドラマ、本を通じて他人の物語に接し、悲しみを覚えることが増えていくのかもしれない。

　わたしたちはときどき、他人の悲しみをただ見つめるのではなく、自分のことのように感じたりする。悲しみを表に出さず、必死に笑顔を浮かべている人を見ると、胸が痛くなる。感情をさらけ出せずに、何でもないふりをしている姿をやるせなく思うからだ。では、自分自身はどうだろう。あなたは適切なタイミングに涙を流し、悲しみを表せているだろうか。

わたしは悲しみを感じると、他人の視線を避けるようになる。床に立って何かを探すようにきょろきょろしたり、奥歯をかみしめたり。それでも気持ちが落ち着かずに涙があふれてきた瞬間、こみ上げていた悲しみはさっと消え去り、今度は「涙を消さなきゃ」と焦り始める。まるで、涙を見せることが大きなあやまちであるかのように。振り返れば、わたしは悲しみを感じていたのではなく、我慢していたのだろう。

　悲しみは、とても強烈な感情だ。「今は悲しんでいる場合ではない」「悲しむほどのことじゃない」と、タイミングを決めたり、深刻さをきちんと把握しようとしなかったりすることもある。そうして「今、ここ」にある悲しみを先延ばしにしてしまうのだ。

　先延ばしにされた悲しみは、大きなストレスとなり、その感情が生まれたときと似たような状況になると、再び現れる。まるで、引き潮になって元の風景が徐々に姿を現わすように。時を経て、形はだいぶ変わっているはずだ。悲しみの中には、色あせて消えてしまうものもある一方で、むしろ以前よりもはっきりとあらわになってわたしたちを戸惑わせるものもあるだろう。

　では、悲しみを解消するためには、どうすればよいのか。「悲しみを解消する4つのステップ」がある。

1. 悲しみを感じる
2. それを表現する

3. 理解する
4. 解消する

　だれでも一度ぐらいは、泣きじゃくった後に突然お腹がぺこぺこになった経験があるのではないだろうか。強烈な感情には、多くのエネルギーが消費される。悲しみを解消するプロセスはシンプルだが、ひとつずつステップを踏みながら前に進むのは、すごくしんどい。だから、わたしたちは悲しみをきちんと解消せずに、押し隠そうとするのかもしれない。

　こんなふうに語っているわたしも、言い訳をして悲しみから逃げてしまうことがしばしばだった。悲しみを感じたときの自分の姿に気づいたのは、ごく最近のこと。涙が出たり、落ち込んだり、仕事に集中できなかったり。自分の行動を見つめようとせずに、悲しみが引き起こす現象にただ振り回されていた。

　悲しみはさまざまな感情のひとつにすぎないのに、すごく動揺してしまう。そう気づいたとき、なぜ自分は「悲しみ」が嫌いなのかという疑問が浮かんだ。それが「悲しみ」と「悲しい自分」を分けて考える第一歩だ。

　悲しみについてつねに疑問を抱くだけでも、変化が生まれる。悲しみを感じる瞬間（感情）とそわそわする姿（行動）の間に、「自分は悲しんでいるんだ」（考え）という事実が見えてくるのだ。悲しみから抜け出し、感情を客観的に眺める瞬間。それがとて

も重要だ。そうすれば、悲しみにきちんと向き合うことができるから。

　悲しみを心から解き放つと、不思議なことに、心の中の憂うつや苦しみも少しずつ消えていく。否定的な感情に縛られていたエネルギーが、集中するエネルギーに変わり、その瞬間、わたしたちはネガティブな感情から解放されて「カタルシス」を感じる。だから、悲しみは『癒しの感情 (healing feeling)』とも呼ばれる。

　わたしたちは、悲しみを隠さずにしっかりと表現する権利がある。だから、どんなに忙しくても、悲しみと向き合う時間をつくるほうがいい。感情の干潟（ひがた）に現れる「悲しみ」を目のあたりにして動揺しないためにも。さて、あなたは今、「悲しみを解消する4つのステップ」のどの段階にいるだろうか。

だれかに応援してもらいたいと望むあなたへ

孤独

　どうにもならない状況にぶつかって自分が無能だと感じることがある。無能とは、能力ではなく心の問題でもある。だからこそ、はっきりとした解決策を見つけるのが難しく、よって、くたびれてしまうのだ。つらくて、苦しくて、孤独を感じて。そんなとき、だれかにそばにいてほしいと願う。正確にいうと、「だれかの応援」が必要なのだろう。

「きっとうまくいくよ」
「元気を出して」
「耐えてみよう」

　こうした応援の言葉は癒しや安心感を与える。困難を余裕で

乗り越えられると信じる力になることもある。でも、時には別の意味で伝わることもある。逃れたい状況をよりはっきりと意識させ、ひとりで解決しなければならないというプレッシャーを与えてしまうのだ。

　ネガティブな感情で心がいっぱいのときは、思考も否定的になる。小さなショックも大きくなり、ポジティブなシグナルはそのまま受け入れられなくなってしまう。一方、心が穏やかであれば、思考もおおむね肯定的になる。ネガティブなシグナルでさえ、自分に有益な方向に解釈できるようになる。だから、孤独で落ち込んでいるときに応援の言葉を前向きに受け入れられなくても、それは無礼なことではない。

　時に言葉は不確かだ。社会のメンバーとの合意によって一般的な意味が定められ、使われているけれど、その意味は絶対的ではない。わたしたちは、言葉の新しい意味、または隠された意味を理解する必要がある。辞書で定義された意味の通りに理解するのではなく、状況によって自分の意思で言葉の意味を解釈できるようになるのが大切だ。

　うまくいっていないときには、応援の言葉をゆがめて受け取ってしまうこともある。そんなときには、次のように解釈してみるのはどうだろう。

「あなたの事情を完全に理解しているわけじゃないけど、

きっとうまくいくと思う」

「あなたと同じ経験をしたことがないから、苦しさは計り
知れないけれど、元気を出してほしい」

「今までよくやってきたから、あきらめずに、もう少し一
緒に耐えてみよう」

　このほかにも、みなさんそれぞれ、さまざまな再定義ができ
るだろう。だれかが送ってくれた応援の言葉を、ゆがめずその
まま受け取れるように。応援の言葉とあなたの心の間に、誤解
が生じないように。

心にぽっかり穴があいてしまったあなたへ

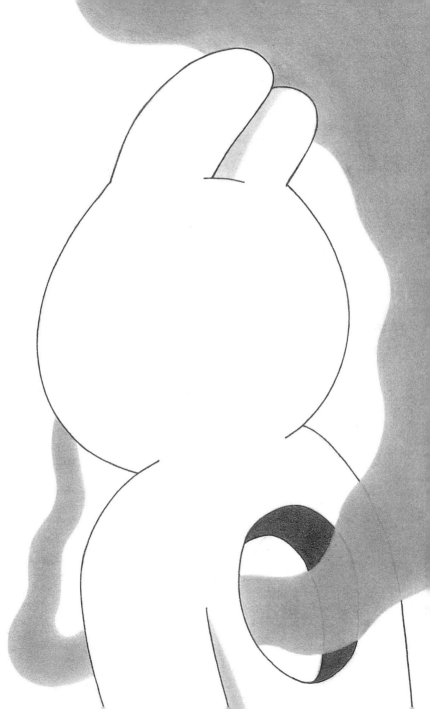

むなしい

　むなしさとは、自分の一部、あるいはすべてが消え去って、心が空っぽだと感じること。むなしさに襲われると、すべてが退屈で無意味に思えて、まるでこの世にひとりぼっちで取り残されたような気分になる。「悲しみを取りのぞいた寂しさ」といえるかもしれない。

　むなしさは、望んでいたことを表面的には叶えたものの、内面的な達成感が足りないときに感じるものだ。一生懸命努力して手にした成果の大きさと、むなしさの大きさは、ほぼ同じぐらいなのかもしれない。だからこそ、目標を叶えると同時にむなしくなり、気分が落ち込んだりするのだろう。

『自己決定 (self-determination)』とは、人生の主体として自ら決定を下し、責任をもつ能力のこと。何かをするときに自分で決めた目標があれば、そこへ向かう過程に意味を見出せるようになる。思い通りの結果にならなくても、たとえ全然うまくいかなくても、挑戦すること自体に意味がある。主体的に決定できる機会が多い仕事であれば、こなす過程でエネルギーを得ることもあるだろう。だから、結果だけを重視しなくてもいい。もしかすると、成果でさえ過程の一部といえるのかもしれない。

しかし、他者が設定した目標を達成しなければならないのであれば、状況はまったく違ってくる。自分が仕事を進めるというよりも、仕事が自分を定義し、当然のことながら過程よりも成果を重視する。「合格すれば」「昇進すれば」「お金をたくさん稼げば」「いわれた通りにすれば」評価されると信じ、成果が出なければ、負け犬、落ちこぼれと感じてしまうのだ。「これまで何のために努力してきたのだろう」と自問自答して答えが見つからず、自分の価値が一気に地に落ちるような感情に包まれたりもする。

むなしさは、愛されたいと求めていながら結局は愛されていなかったと悟る瞬間に押し寄せるのかもしれない。ほしいのは、条件付きではなく完全なる愛。条件にかかわらず、存在そのものとして受け入れられること。あなたは、自分自身を無条件に支持し、認めているだろうか。厳しいルールや目標を条件として設けて、達成できるかどうかによって自分の存在価値を計っ

ているのではないか。もしかすると、後者のケースのほうがはるかに一般的かもしれない。自分自身に厳しくするのは、とても簡単だから。

　わたしは一時期、がむしゃらに働いていた。本書の「不安（26ページ）」「強迫（38ページ）」「燃え尽き症候群（208ページ）」の項目でも触れているように、自分自身を搾取するレベルだった。進行形だった複数の仕事と将来やる仕事のことで、ずっと頭がいっぱいだった。「仕事がそんなに好きなんですか？」と聞かれたら、「楽しいです。楽しんでいます」と答えていたが、それは願望にすぎなかった。本音は「楽しむべきだ！」「楽しまなきゃならない！」「この仕事をやりたいと思わなければならない！」に近かったのだ。仕事のために働く。そんな時期だった。時間と労力、体力を注げば、それに見合った報酬が得られた。それだけでも自分が誇らしかった。長い間、無職に近い状態だったから。

　ところが、ある日ふと「自分は本当にこの仕事がしたいのか」という思いが頭をよぎった。一瞬のことだったが、激しく動揺した。仕事をしている間、ずっと頭から離れなかった。でも、特に疑問をもたずに、働き続けていた。もっと大きな成果を上げたいという欲に追われて、スケジュールはさらに過密になった。しかし以前とは違って、大きな不安に包まれ焦るようになった。それなのに、なかなか成果を出すことができない。どうにか自分に鞭打ち、目標を再設定して何度もトライしたが、もう、一

生懸命できる何かが残っていないと悟った。わたしはそのとき、「外的な結果」と自分の「存在価値」を同一視していたのだと気づいた。そして、「今までなぜ、あんなに必死に働いていたんだろう。自分に何かが残っているのだろうか」と疑問をもつようになった。

　働き始めたとき、わたしが求めていたのは成功だけではなかったはず。他者の評価はともかく、少なくとも自分で自分を認めたいと思っていた。でも、執筆を始めたばかりの作家に、評価に値する実績があるはずがない。もっとも手っ取り早くて確実な方法は、文章で結果を出すことだった。そうすれば、自分を含めだれもが認めてくれると信じていたから。しかし、実際に成果を得たときの喜びは、一瞬にすぎなかった。喜びは、心を優しくなでてくれるわけではなく、すぐに消えてしまう。その後の荒涼とした気分は耐えがたいものだった。だから、むなしい心のスペースを仕事で埋めようとしたのだろう。

　今は、結果がよければもちろんうれしいけれど、そうでなくても「仕方ない」と受け入れる。何かを始めるときに「うまくやらなきゃ」と誓うこともない。ただ、ベストを尽くそうと強く願っている。今もそんな気持ちだ。それに見合った対価が必ずあるはずだという考えは捨てようと努力している。

　わたしたちは、社会的な関係を築きながら、おたがいに影響を与えあって生きている。他者からの評価は、大切だ。ただ、それだけで自分の人生を意味づけるのは、危険といえる。重要

なのは、自分自身を支える力をもっていること。そのためには、自らをよく知ることが必要だ。たとえば「自分は何が好きなのか」というだけでなく、「自分が好きだと思っていることは、本当に好きなのだろうか」と問いかけてみるのだ。

　ここでいう「好きなこと」とは、叶えようとする夢や希望のようなものを指す。すでにあたりまえだと思っていることを、新たな視点で見つめ直すのだ。他人の評価を気にして「好き」だと思っていたことを、自分自身が本当に「好き」なことにおき換えるのだ。また、「わたしが好きだと思ったことは、本当に自分で選んだものなのか」と、表面的な成功だけを追っていないか、問うてみる。また、素晴らしい成果を得たにもかかわらず、複雑な思いを抱いているのなら、こんなふうに自問してみるといい。「なぜこんなに大変な仕事をしているのか」「満足できる結果を出したのに、なぜ満たされないのか」「皆が喜んでいるのになぜかむなしい。この気持ちは一体何なのか」。仕事の結果を変えることはできないけれど、仕事に対する姿勢を変えるきっかけになるかもしれない。

ぎゅっと抱きしめてあげたいあなたへ

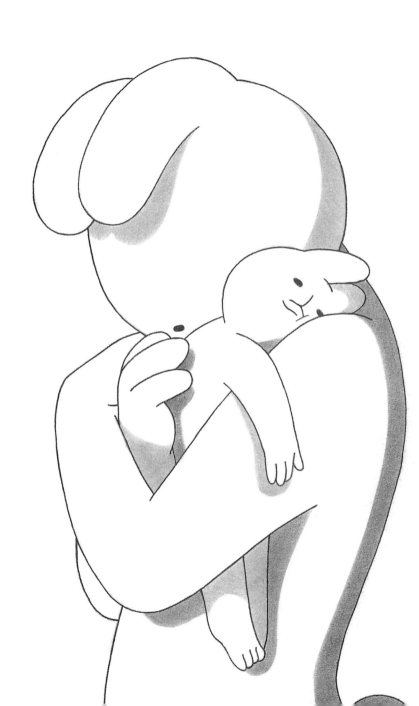

寂しい

　あなたは深夜の市場を訪れたことがあるだろうか。わたしは、まだ行ったことがない。ドキュメンタリーやドラマで見ただけだ。でも、日々の仕事を終えて終電に乗る人たちや、夜更けの道路に連なる車の列を見かけることはしばしばだ。そのたびに、深夜になってやっと一日を終える人たちがたくさんいると実感する。そして心がじーんとする。見知らぬ人が帰宅する様子が、なぜわたしの心を揺さぶるのか。おそらく、同じ時間と空間にいることに、静かな癒しを感じるからだ。「こんな時間までがんばっていたのは、わたしだけじゃなかった」「遅くまで眠らずに、やっと家に帰る人たちがこんなにたくさんいる」と。

　へとへとになって家に帰る途中で、ひとりなのにひとりではないと気づく。寂しさと連帯感が交錯して、不思議にほっとし

た気分になりながら。おそらく、癒しの根っこには、安堵の気持ちがあるのだろう。ほっとするのは、自分はひとりぼっちではなく他の人と同じような生活を送っているのだと確認できるからだ。そうだとすれば、寂しさとは「他者とは明らかに違う生活を送っているという感覚のために安らぎを得られないときに感じる感情」といえる。さらに「関係が失われることにたいする恐怖と不安」ともいえるだろう。

　寂しさは、他人と遠く離れているときにだけ感じるのだろうか。必ずしもそうではない。また、はっきりとした対象が存在するのではなく、「集団」「大衆」「世の中」といった概念と感情的に距離がある場合も、寂しくなる。「群衆の中の孤独」というように、寂しさは関係を築く人の数よりも、その人たちとの関係の強さがカギとなる。感情的に関係が近いかどうかに大きな影響を受けるのだ。

　社会とつながりたいと願う気持ちは、時に行き過ぎた状況をもたらす。現代は、これまでになく人と人とがたやすく結びつくことができる。**『デジタルデトックス（digital detox）』**という言葉が登場するほど、関係を断つのに決心が必要な時代といえる。わたしたちは、社会的なつながりが多ければ多いほど、寂しさが癒されると思っている。しかし、実際はむしろ寂しさに敏感になっているのだ。他の人の人生を観察しながら自分の人生には足りないものがあると嘆き、だれかの写真を見ながら自分の外見を責める。つねに予定を入れて集まりに参加し、連絡

をとり続け、だれかが自分を必要としていると確認することで「寂しくない」と思うのだ。

　そのためだろうか。わたしたちはよく、ひとりでいることは寂しいと思い込む。世の中と断絶しているから寂しい、と。でも心の扉が閉じていれば、多くの人たちに囲まれていても寂しくてつらいかもしれないが、開いていれば、ひとりでいてもさほど寂しさにとらわれることはない。

　感情を受け入れるということは、その中にじっくりと留まることだ。お湯につかって、身体が温まるまでじっとしているように。しかし、自分の感情であっても、受け入れるのは簡単ではない。心のどこかに不快さを感じて、すぐにでも逃げ出したくなる。寂しいという感情を抑圧したり、無視したり、否定したりするのは簡単だ。でも、不快な気持ちにすぐに反応しないで、寂しさを積極的に感じてみるといいだろう。寂しさへの違和感を少しずつ和らげるのだ。そうすれば、寂しさから反射的に逃げることがだんだん減っていく。

　寂しさは、喜びや楽しさのように長く続いてほしいと願うような感情ではない。実際にひとりぼっちだという感覚に陥ってみると、世の中がむなしく感じる。そうだとしても、有害でよくない、避けなければならない感情なのだろうか。

　この本でさまざまな黒い感情をそれぞれ少し違う角度から語

っているが、はっきりわかったことがある。それは、「よい感情」と「悪い感情」が分かれて存在するのではなく、解釈によって意味が変化するということ。感情はたえず変わり、すべての感情は最終的には過ぎ去っていく。いつもとはちょっと違う視点で寂しさを見つめれば、新しい発見があるはず。それをベースに、次のように解釈してみたらどうだろう。寂しさとは、だれともつながらず、邪魔されることもなく、自分の心を整理できる機会であると。寂しさとは何か。辞書や他の人の解釈をそのまま受け入れるのではなく、あなた自身で考えてみてほしい。

自分にうんざりしているあなたへ

自己嫌悪

「嫌悪」が生まれる原因は、さまざまだ。それらは大きく、「本能的な要素」「個人的な要素」「社会・文化的な要素」に分けられる。中でも一番大きな影響を与えるのは「本能的な要素」だ。すべての生命体にとってもっとも大事なのは、生存すること。生き抜くために自己防衛をし、避けるべきものと選ぶべきものを区別する。その過程で、わたしたちは危険を感じる対象や状況を拒む。すると拒否反応は、本能的な要素を超えて個人的、社会的な要素へと広がり、複雑な認知プロセスを経るようになる。そして、その過程でエラーが起きるのだ。本能的に危機を感じる対象を拒むのは生存するためだが、ここに個人的な感情や社会・文化的な意味が混ざると、「拒否」は「嫌悪」に変わってしまいがちだ。

嫌悪とは、その人の物の見方に大きく左右されるものだ。対象についてどう考え、評価し、判断するかによって、嫌悪を感じるかどうかが決まるといっても過言ではない。嫌悪のベースとなる「本能的な拒否」は、生物学的に自然なこと。一方、人間の解釈を経て生まれる「嫌悪」は、社会的な感情として発生するが、いつも正当であるとは必ずしもいえない。嫌悪には、憎悪、反感、激しい不快感などが入り混じる。だからわたしたちは嫌悪をもたらす対象と距離を置こうとするのだ。自分自身を嫌悪の対象とするのが『**自己嫌悪 (self-hatred)**』で、自分の内部で生まれた憎しみ、不満、不平がきちんと解決されずに他者に向かって噴き出すと、「他者嫌悪」になる。ここでは、自己嫌悪について話を進めていこう。

　自分を憎むと、自らを見つめる余裕がなくなる。他の人の長所や能力、成果と、ダメな自分を比較してとがめるのに忙しいからだ。自力で大きな成果を上げたとしても、素直に喜んだり楽しんだりできなくなる。自分をいい状態にする方法、つまり幸せを感じて、リラックスする術も忘れてしまう。楽しくなれる方法を知っていても、そうすることを拒み、自分を放っておく。「わたしは情けなくて、ダメで、すべて間違っている存在だから、幸せになってはいけない」と。

　ところが、このような自己嫌悪には、奇妙な感情が伴う。自分を強く嫌悪すればするほど、無意識のうちに満足を感じるようになる。「自分の改善すべき点を発見し続けることができる」

と自ら認めることが、満足感につながっているのだ。

　このとき、自分の内面に対照的な2つの「わたし」が存在すると気づく。自分を非難するわたしと、それを通じて優越感を感じるわたし。非現実的で完璧な自己像を思い描いて生まれる優越感は、自己嫌悪とまったく違うように思えるが、同じ流れを共有している。一方では極端に自分を嫌い、もう一方では極端に自分を持ち上げる。物理の法則の中に「作用と反作用の法則」がある。「ある物体が他の物体に作用をおよぼすとき、それとは逆向きで大きさの等しい反作用がつねに働く」という、ニュートンの第3法則だ。つまり、自己嫌悪の反作用は、優越感であるといえる。

　自己嫌悪に陥ると、自身を否定して、よりよい姿、頭の中で描いた完璧な姿に憧れ続けるようになる。理想の自分と本来の自分の間に差があるのは、あたりまえのこと。それは、気づいていなかったり、足りなかったりする部分を学び、身につけ、よい結果を出すために努力する動機付けにもなる。しかし、自己嫌悪は、ありのままの自分のことを不快に思い、罪悪感に近い感情を抱かせる。

　わたしは、心も突然いい方向に変わることがあると考えている。時には、嫌な気持ちにたいする態度を少しずつ変えていくのではなく、「ぱっと、急に」感情を変化させることも必要だ。感情をじっくり観察し、推測し、理解しようとするのも意味があるが、

自分が受け入れられる範囲で自分に衝撃やプレッシャーを与えてみるのもいい。

『認知行動療法 (Cognitive Behavioral Therapy, CBT)』の対処法の中に『思考停止法 (thought stopping)』がある。非論理的な思考、つまりネガティブな考え方が続くときに「もうやめろ！」と自分に叫び、思考を止めるのだ。たんに考えるのを止めるだけでなく、「非論理的で、非合理的な」思考にとらわれていると気づかせる方法でもある。誤った渦に飲み込まれている考え方から一時的に距離をおき、自己嫌悪の悪循環を止めるのだ。自己嫌悪から抜け出すのが難しいと感じるときは、この方法を試してみるといいだろう。

わたしたちの感情や思考は、つねに変わる。一定のパターンを保ちながら、さまざまな刺激によって変化したり強化されたりする。永遠に続くものなんて、何もない。自分に対する定義でさえ変わることがある。「すべてのものが変わるとだれでも知っている。そんなのあたりまえじゃないか」といわれたら、とてもうれしい。そう、すべては変わるのだ。自己嫌悪も同じ。ネガティブなレッテルを自分に永遠に貼り続ける必要はない。「能力不足」「価値がない」と自分で信じこんでいるだけだ。信じていることが「事実ではない可能性がある」と気づけば、自己嫌悪から抜け出せるのではないだろうか。

別れのタイミングを逃してしまうあなたへ

哀 悼

「哀悼」とは、喪失を受け入れて別れる過程の行動のこと。悲しみ、挫折、苦痛、苦悩、恐れ、不安、無力感、冷静さ、冷徹さなど、数多くの感情が集まり、複雑にからみ合った感情の大きな波が哀悼だとわたしは思う。

　多くの人たちは哀悼を死と結びつけるが、必ずしもそうではない。哀悼は「喪失」から生まれるとても自然な心の状態であり、さまざまな形で存在する。死も喪失のひとつだ。たとえば『ペットロス症候群（pet loss syndrome）』という言葉を聞いたことがあるだろうか。ペットの死によって起きる心身の症状を指す。喪失の対象はこのように動物だったり、植物だったり、あるいは幼い頃から大切にしていたモノだったりもする。また、生き

物やモノでなく、信念や価値観のような目に見えないものを失ったときにも、哀悼の感情を抱くことがある。

　唯一無二の対象を失ったときに、わたしたちは喪失を経験する。その対象と一体化していた自分の一部も一緒に消えてしまうのだ。失うことを想像しただけで、心が苦しくなる。だから、哀悼という感情を押しのけようとすることもある。時には心の痛みを経験するよりも、いっそ自分をあきらめてしまったほうがいいと感じることさえも。哀悼のプロセスは、次の通りだ。

対象を喪失したことを認める→対象と同一視していた自我に執着する→喪失という状況を受け入れる→対象と感情的に分離する→喪失に伴う感情を処理する→感情が回復する→日常生活に復帰する

　状況を直視し、感情を見つめ、残された自分の気持ちを整理し、日常に戻る。これらはすべて、たやすいことではない。だから多くの人たちが哀悼のタイミングを逃してしまい、苦しみをきちんと癒せないまま、日常生活を続けていくのだ。

　これらのプロセスがうまくできていないと、哀悼の感情が心のどこかに残ったままになる。元気に見えても、まったく予期せぬ瞬間に喪失の感情に襲われたり、泣くべきときに泣かず、苦しむべきときに苦しまなかったため、戸惑いながら残っていた感情が一気に噴き出したり。後悔と苦しみのはざまでどうす

ればいいのかわからなくなる。悲しみを受け入れ、痛みを経験することで、心が落ち着くのだ。

　哀悼のプロセスを経るかどうかにかかわらず、心はバランスを保とうとする。このとき、心をまっすぐ見つめて前に進むのとは別の方法を選ぶこともある。一番よくあるのは、自分が失ったものをきちんと悼むことができず、代わりに、他の人の喪失体験に過剰に反応したり、仕事に没頭したりするケースだ。自分の恋人との別れは冷静に受け入れつつ、友人の離別体験を悲しむ。あるいは、家族を亡くした人が毎日残業をして仕事中毒に陥る、というように。ふと、結婚まで約束した恋人と別れた、わたしの友人を思い出す。当時、その人は非常に冷静で、不思議だった。交際期間も長かったし、周囲の人たちも結婚すると思っていたので、わたしを含む友だちまでもが喪失感を覚えてしまうほどだった。友人は、他の人の恋愛相談に乗ったり、デートをセッティングしたりするのに積極的だったけれど、自分の別れについてはまったく語らなかった。泣きわめくことも、後悔を見せる様子もなかった。

　そして2、3年後。突然、友人は「別れた人が恋しくてとてもつらい」と日常生活が乱れるほど苦しむようになった。別れてからかなりの時間が経っていたため、友人自身も動揺し、わたしもどう慰めればよいのかわからなかった。おそらく当初はショックが大きく、「なんてことはない、自分は平気だ」と、恋人との別れを悼むことができなかったのだろう。哀悼の最初のプ

ロセスである「対象を喪失したことを認める」ことさえできて
いなかったのだ。

　愛情を注ぐ対象は、この世で唯一無二の存在だ。わたしたち
はそのような存在を自分の一部だと考えるようになる。これを『同
一視（identification）』という。喜怒哀楽のレベルは対象によっ
て変わるが、いつもおたがいの領域の中に存在するという、信
頼が形成された関係だ。同一視する対象を失うと、単なる物理
的な消失を超えてしまう。自分の一部を失ったことを認めるた
めのプロセスとしての哀悼は、ひたすらつらい。もし、同一視
していた対象を失ったときに激しく落ち込むことなく淡々と別
れを告げるのであれば、悼むことを拒んでいるのかもしれない。
つらい気持ちをつらいと感じないようにする術は存在しない。
それでも「効率的に哀悼する方法」を求めるのであれば、少し
でも早く哀悼の扉を開き、失ってしまったものと全力で向き合
うといい。それが、もっとも健全で安全な別れの方法だ。

心が一時停止状態になってしまったあなたへ

無感情

　この本では、だれもが一度は耳にしたことがある黒い感情について語ってきた。これらの感情の共通点は、強いエネルギーをもっていて、わたしたちの日常に影響をもたらすことだ。では、こんな質問をしてみよう。「感情がなくなれば、人生が影響を受けることはないのだろうか」。思い浮かぶのは、「無感情」という状態だ。興味も感情もない、つまり「感じない心」だ。

　不安や強迫、燃え尽き症候群を経験した後、わたしは無感情になった。ネガティブなエネルギーで満たされていたときは心の静けさを望んでいたけれど、実際にそうなると、感情のないロボットになったような気がした。期待していたような穏やかでリラックスした気持ちとは違い、心は冷たく静寂に包まれて

いた。何かを感じるのではなく、淡々と分析するだけ。よりよい明日や活気に満ちた自分を期待することもなかった。今のわたしだったら「こんな時間も長くは続かないだろう」と過ぎ去るのを待つが、当時は無感情な自分はどこか変だと思いながらも、そのような状態を無視するために、わずかに残っていた力を使い果たしてしまっていた。そんなことに力を注ぐ必要はなかったのに。ともかく、当時は、やりたいことも、なりたいものも、ほしいものもなく、食事や睡眠といった基本的な欲求さえ失っていた。

　心にもエネルギーが存在する。無感情になったときには、そのエネルギーがすべて蒸発して、心が動かなくなってしまっていた。さまざまな感情が交錯しながらも、それを感じようとしなかったのだ。感じるにもエネルギーが必要だ。つまり、「感じない」のではなく「感じることができない」のだ。まるで冬眠のように、ただ生きることのみに集中して自分を守ろうと努力する。そして、心にエネルギーがたまると、自分にたいする関心がわいてくる。何をしたいのか、どう生きるのか、あれこれ考えるようになるのだ。

　心が再びエネルギーでいっぱいになり軌道に乗れば、好循環が生まれる。自分を見つめられるようになり、だんだん他人にも関心をもつようになっていく。

　忘れてもいいことを忘れられずにいるつらい感情を、うまく

受け入れるべきだ。わたしたちの心にはさまざまな感情が生まれるが、それらをしっかり受け入れられれば、何ごともなく過ぎ去っていくはずだから。

生き方の案内書

憂うつがもたらす黒い感情

「むなしい」288p 👣 👣 「ペルソナ」356p

成果を上げた自分と、失敗してしまった自分。両者のはざまで感じる苦しみが、ときに生きる力になったりもする。一方で、目標を達成した瞬間に、心の中が空っぽだと気づき崩壊してしまうことも少なくない。わたしたちは、自分のすべての姿が「自分」であると考えながらも、無意識のうちに自分自身を分けている。そして、実際とは異なる基準で「ホンモノの自分」と「ニセモノの自分」を定めてしまいがちだ。論理的・合理的な根拠がないにもかかわらず、自らがつくり出したさまざまな姿に、気づかないうちに縛られる。あなたの中にも、自分のいろいろな面が生み出すズレが存在するはずだ。「空虚」から「ペルソナ」へと移る過程で感じるもっとも大きなズレについて考えてみたい。

4th PATHで出合った感情についてもっと知りたいあなたは、
こちらへどうぞ。

「自己嫌悪」301 p 　　　　「自己破壊」342 p

あなたを心の底から嫌うのはだれか。一方、あなたをぎゅっと抱きしめるべき人はだれだろうか。それは、どちらもあなた自身だ。しかし、わたしたちは自分を守るのではなく、攻撃してしまいがちだ。自分に刃を向け、傷つけ、後悔をくり返す。そんな無限ループからどうやったら抜け出せるのか、ずっと悩んでいる人も少なくないだろう。自分に非論理的な攻撃をする危険性について、「自己破壊」のページで、一緒にじっくり考えてみよう。

「無感情」313p ⟶ 「憂うつ」332p

「憂うつ」とは、気分がずっと沈んでいる状態だと思われがちだ。一部は合っているけれど、正しいとはいえない。他の感情や心の状態のように一言で説明するのは難しいからだ。「憂うつ」の一番大きな特徴は「楽しいという感情を失うこと」だ。楽しさが完全に消えてしまった人生を想像してみてほしい。「生きる理由があるのか」という思いがよぎるかもしれない。無感情になった心の扉を開けてみたいと思ったら、「憂うつ」のページを読んでみるのもいいだろう。

Station

2

4つの旅を終えたみなさんへ

再びすこし立ち止まり、
深呼吸をして黒い感情を見つめてみよう

放棄

恐怖

憂うつ

果てしない

寛大

憂慮

孤立

自己破壊

内的な絶望

無関心

冷静

悲観
否定
憐憫

ペルソナ
直面

放　棄

　あることにたいする自分の限界を認めて、それをやめることを、
「放棄」という。また、「放棄」はしがみついていたことから自
由になることも意味する。やめる理由は、わたしたちが想像す
る以上にさまざまだ。だから、「放棄」をたんに「失敗」という、
ひとつの単語で説明するのは難しい。

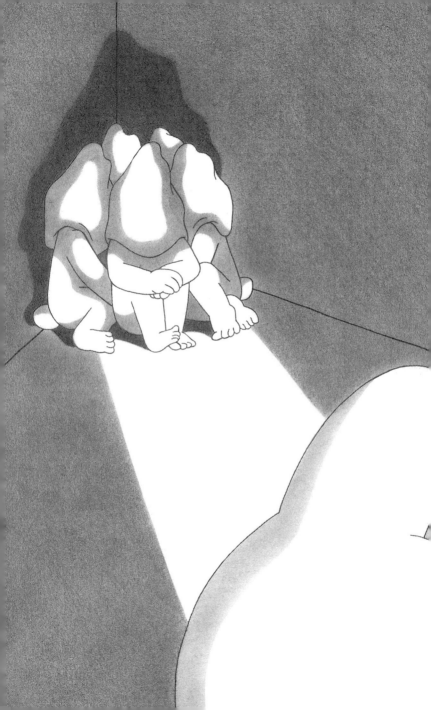

恐　怖

　　恐怖がもたらす最大の恐怖は、恐怖に苦しむ自分を体験・経験しなければならないという事実だ。

憂うつ

　憂うつは、自分自身が「不在」であることを確認する苦痛が
ずっと続くこと。だから、憂うつなときには自分は存在しない。
その状態から解放されるためには、食べて、眠って、動いて、
生命を維持するための生物的な本能を回復する必要がある。食
べる、眠る、動くというシンプルな行動によって、自己が失わ
れたという思いに距離をおき、自分の実在を感じることができ
るのだ。

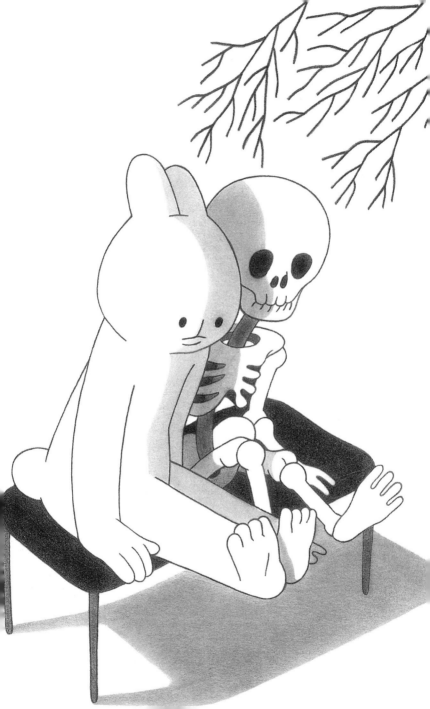

果てしない

「このまま永遠に道を失ってしまうかも」「取り残されてしまう
かも」。そんな心配は不要だ。生きてきた道を振り返ると、前
進したり、後退したり、めちゃくちゃのように見えるかもしれ
ないが、人生は結局、いつだって前進するしかないのだ。

寛 大

　完璧を望むのではなく、完全を目指したほうがいい。「完璧」は失敗やミスを許さないが、「完全」はそれらすべてを包み込む。完全を目指すなら、至らない点があっても大丈夫。それは動機、情熱、力、理由、可能性となるからだ。ところが、完璧を望む瞬間、わたしたちは不完全な自分を否定し、追い込んでしまう。

憂 慮

「憂慮していることのほとんどは、結局現実には起こらない」という言葉がある。しかし、問題は心配が現実になるか否かではない。心配すべきは、憂慮の度が過ぎて日常生活が脅かされてしまうことだ。

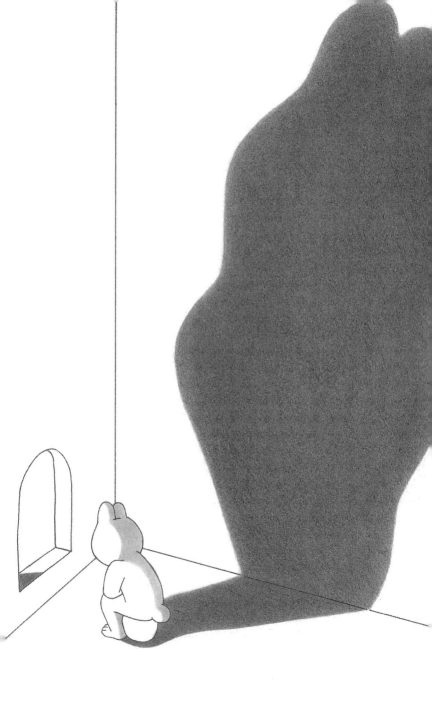

孤 立

　環境や社会は、わたしたちの一部となっている。そのため、特定の環境や社会からの孤立は、物理的な分離を超えて自己の喪失につながる。ひとりで生きているのではない。だんだん孤立感が深まると、やがて生きていても死んでいるのと同じような気持ちになる。これが、孤立が続くと怖い理由だ。

自己破壊

　自分のことで苦しむ心をのぞいてみると、お気に入りの自分が、憎んでいる自分を必死で押しのけようとしていると気づく。お気に入りの自分は、虚像だ。では、憎んでいる自分とはだれなのか。現実をせきららに見せつける実際の自分だ。このふたりのズレは、自分を極度のストレス状態に追い込む。不安感が高まり、人生そのものがぐらつく。自分を救おうとする行動は、自己破壊という形で現れる。危険を知りながらも、このような行動を通じて心の癒しを得るアイロニーに陥ってしまう。

内的な絶望

　重い責任を負うことなく、少ない努力で、大きな成果を得たいと願う。それが欲というものだ。できれば何もしたくないという心と大きな成果を得たいと期待する結果のギャップが広がるほど、不愉快になる。成果を得るのが難しそうだと気づくと、何もしなかった自分を棚に上げ、望むものを手にした他者をけなすようになる。他人を非難することで、不合理な欲望と自分の態度のギャップから生じた痛みを癒すのだ。しかし、他者をけなしても癒されることのない痛みは、絶望へと変化する。絶望しても欲を捨てられない。そんな自分を思い浮かべてみてほしい。絶望は外部からもたらされたものだろうか。それとも自分の内側からわき出たものだろうか。

無関心

　自分の感情を知らないことは、自分を知らないことと等しい。だから、感情を理解していなければ、それを行動に移す自分をコントロールするのは難しい。でもわたしたちは、感情のパターンやメカニズムは自然に働くものだと思い込んでいる。だから、自分は永遠に変わらないと考えて、新しい自己を発見する努力を怠ってしまうのだ。

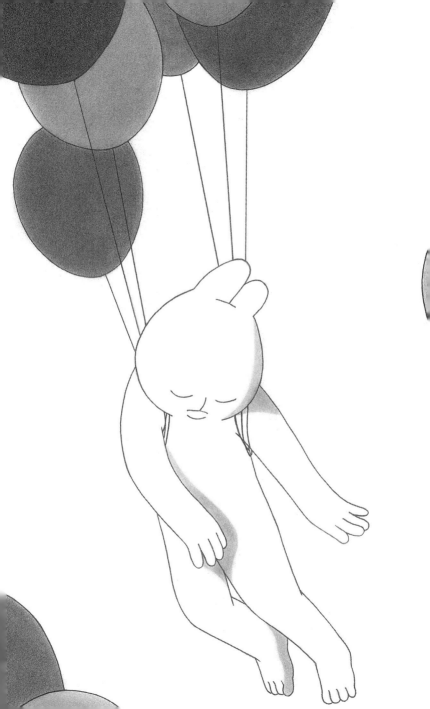

冷静

　感情を抑えてばかりいると、ある瞬間、まるでその感情から抜け出したかのように感じる。しかし、解き放たれたわけではない。押し込めていた感情は見えないほどぺちゃんこになり、心の底にへばりついてしまったのだ。感情を抑えていると、生きているのに生きている気がしない、何も感じない、人間性の氷河期に突入してしまうのだ。

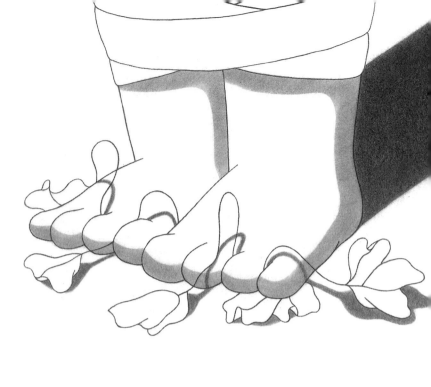

悲　観

　わたしたちが希望を語るとき、そのほとんどは自分の理想について語っている。理想と自分を重ね合わせて、自分の存在価値を感じたりもする。しかしそうすることで、かえって現在の姿に満足できず、苦しむことも多い。理想が自分の希望を実現させる妨げになってしまうというわけだ。

否 定

　かくれんぼをするときに、ソファーの後ろに頭だけを隠して体は丸見えの子がいたりする。自分からは周りが見えていないので、だれも自分を見つけられないだろうと思っているのだ。つらい心にたいするわたしたちの姿勢も、これと同じ。自分からは見えていないからといって、存在しないわけではなく、見ないことにしたからといって消えるわけでもない。もちろん、そんなことは自分でもわかっている。それでもこっそり自分にこうささやく。「見えていないから、存在しない」と。

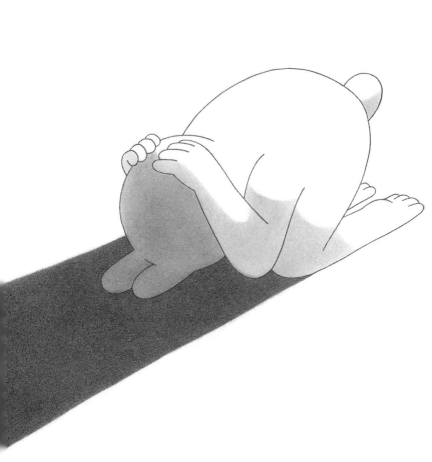

憐憫

「自分の敵は自分」という言葉がある。しかし、そもそもわたしたちに敵は存在しない。ただ愚かで憐れな自分が主人公の席に座ったり、離れたりをくり返しているだけ。

ペルソナ

　わたしたちは、ペルソナについて大きな誤解をしている。ホンモノの顔とは別に、ニセの顔であるペルソナが存在すると考えているのだ。ニセの顔にとらわれているとさえ考えている。ホンモノとは、ニセモノとは、何だろう。表に出ているものは偽りで、心の中に留めているものは真実なのか。ペルソナは、必要に応じてつくられる。そして、また別の自分がつくられる。このように、複数のペルソナをつくり出し、自認するイメージをたえず生み出すのだ。どのイメージが偽りで、真実なのか。そもそも区別されているのではなく、すべてのイメージはたんなる事実にすぎない。

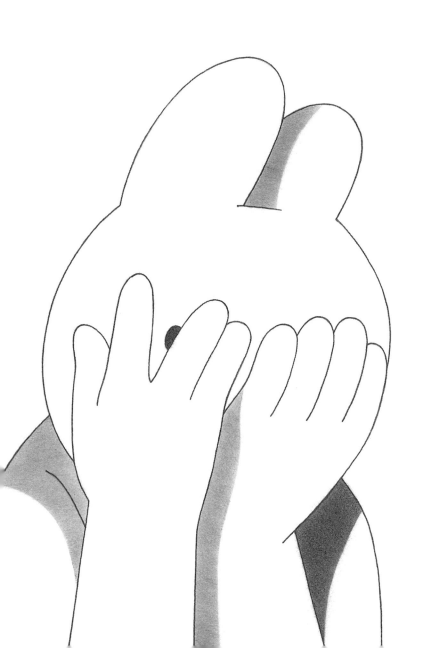

直　面

　自分と向き合う。それは、正面からまっすぐ自分を見つめることだ。知らなかった、あるいは知っていたけれど認めたくなかった姿を直視する。そうすると、「自分」は「わたし」でありながら見慣れない他人として認識される。ぎこちない感じがするのは、もしかすると自然なことなのかもしれない。

ひとめでわかる黒い感情

日本の読者のみなさんへ

アンニョンハセヨ。著者の「ソルレダ」です。
730日かけてイラストと文章をまとめた『わたしの中の
黒い感情』(原書『The Black Book 黒い感情』)を日本のみ
なさんにお届けすることができて、とてもうれしいです。

この本では、わたしたちすべての中に存在しているけれど、
隠しておきたい気持ちを「黒い感情」と呼んでいます。

ウサギのソルト (Seolto) と一緒に、やさしく、深く、
心の中の黒い感情について、ひもといてみたいと思います。

黒い感情をひとつずつ理解していけば、
自分のことをもっと深く大切にできるようになるでしょう。

読者になってくれて、ありがとうございます!

ソルレダ
SEOLLEDA

일본 독자분들께 —

안녕하세요. 저자 '설레다'입니다.

지난 730일 동안 그림과 글을 엮은 〈The Black Book 검은 감정〉을

독자분들께 선보이게 되어 무척 기쁩니다.

이 책에서 저는 우리 모두에게 있지만 되도록 숨기고 싶은 마음을

'검은 감정'이라고 이름붙여 담았습니다.

책에 등장하는 토끼, '설토(Seolto)'와 함께

쉽게, 하지만 깊게 내면의 검은 감정을 발견하길 바라봅니다.

그렇게 나의 검은 감정을 하나하나 찾을수록 자신에 대해

좀 더 알 수 있게 될 테니까요.

독자가 되어주셔서 감사합니다!

― 설레다

SEOLLEDA

Index

ソルレダ

チェ・ミンジョン。
作家、創作・芸術家。2008年から絵日記形式で書き溜めてきた「感情メモ」から、ウサギのキャラクター「ソルト」が生まれた。数学が好きで工学部に進学したが、専攻を映像デザインに変更し、カウンセリング心理学も学んだ。普遍的に嫌われる感情や人間の心の陰に特に関心が高く、カウンセリング心理学をきっかけに、人間の内面にたいする勉強を続けている。著書に『わたしの心が傷つかないように』(日本実業出版社)などがある。

桑畑優香

翻訳家・ライター。早稲田大学第一文学部卒業。1994年から3年間韓国に留学、延世大学語学堂、ソウル大学政治学科で学び、『ニュースステーション』のディレクターを経て独立。映画レビュー、K-POPアーティストの取材などをさまざまな媒体へ寄稿。訳書に『家にいるのに家に帰りたい』(辰巳出版)、『韓国映画100選』(クオン)、『BTSを読む なぜ世界を夢中にさせるのか』(柏書房)、『BEYOND THE STORY:10-YEAR RECORD OF BTS』(新潮社)など。

装 丁　佐藤亜沙美
DTP　三協美術
校 正　円水社

わたしの中の黒い感情

2024年2月20日　第1刷発行

著　　　者　ソルレダ
訳　　　者　桑畑優香
発 行 者　千葉 均
編　　　集　櫻岡美佳
発 行 所　株式会社ポプラ社
　　　　　　〒102-8519 東京都千代田区麹町4-2-6
　　　　　　一般書ホームページ　www.webasta.jp
印刷・製本　中央精版印刷株式会社

ISBN978-4-591-18051-8 N.D.C.159 / 367P / 19cm
Printed in Japan

P8008447